STUDIUM GENERALE
der Ruprecht-Karls-Universität
Heidelberg

Sammelband der Vorträge
des STUDIUM GENERALE
der Ruprecht-Karls-Universität
Heidelberg
im Wintersemester 2013/2014

Sport ist ...

Herausgegeben von
ÓSCAR LOUREDA

Mit Beiträgen von
GUNTER GEBAUER
INES GEIPEL
RÜDIGER HEIM
GERHARD HUBER
MICHAEL MEYEN
ULRIKE SPITZ

Universitätsverlag
WINTER
Heidelberg

Bibliografische Information der Deutschen Nationalbibliothek
Die Deutsche Nationalbibliothek verzeichnet diese Publikation
in der Deutschen Nationalbibliografie;
detaillierte bibliografische Daten sind im Internet
über *http://dnb.d-nb.de* abrufbar.

ISBN 978-3-8253-6566-0

© 2016 Universitätsverlag Winter GmbH Heidelberg
Imprimé en Allemagne · Printed in Germany
Herausgeber: Ruprecht-Karls-Universität Heidelberg
Druck: Memminger MedienCentrum, 87700 Memmingen
Umschlaggestaltung: Klaus Brecht GmbH, Heidelberg

Gedruckt auf umweltfreundlichem, chlorfrei gebleichtem
und alterungsbeständigem Papier

Den Verlag erreichen Sie im Internet unter:
www.winter-verlag.de

INHALT

Vorwort

Sport ist ...
... ein Wort, das ursprünglich „Zeitvertreib" bedeutet. Es
wurde im 19. Jahrhundert aus dem Englischen übernommen,
wobei das englische Wort *sport* eine Abkürzung von *disport*
„Belustigung, Zerstreuung" war. In die englische Sprache ge-
langte es über das altfranzösische *desport*, eine Ableitung des
lateinischen Verbs *deportare* „sich zerstreuen". – Ein Sprach-
wissenschaftler hat gute Gründe, seinen Beitrag zum Thema auf
diese Weise zu beginnen.

Im Wintersemester 2013/2014, als wie immer um diese Zeit,
die Fußballbundesliga bereits in vollem Gang war und die Welt
sich auf die XXII. Olympischen Winterspiele in Sotschi vorbe-
reitete, wurde an der Universität Heidelberg im Rahmen der
Studium-Generale-Vortragsreihe die Frage Sport ist ... von
Wissenschaftlern und Experten aus unterschiedlichen Bereichen
und Lebenswelten beantwortet. In ihren Beiträgen stellten sie
dar, welche Bedeutung der Sport für jeden Einzelnen und welche Bedeutung er für die Gesellschaft hat, für die Gemeinschaft
der Sporttreibenden und für die der Fans.

In Deutschland ist Fußball traditionell und nochmals ver-
stärkt seit der Fußball-Weltmeisterschaft 2006 unbestrittener
Liebling der Massen. Kaum eine andere Sportart vereint eine
größere Fangemeinde, die sich vor allem dadurch auszeichnet,
dass sie alle Altersklassen, Sozial- und Bildungsschichten
durchdringt. Der Massensport ist deshalb auch beliebtes Stu-
dienobjekt und wird von vielen Experten zur Verdeutlichung

verschiedener Phänomene in Sport und Gesellschaft herangezogen. So macht Gunter Gebauer vom Philosophischen Institut der
Freien Universität Berlin in seinem Beitrag zu den Ritualen im
Sport das Thema mit zahlreichen Beispielen aus dem Fußball
lebendig und verdeutlicht dadurch, wie der ritualisierte Sport
auch nationale Identität strukturiert.

Auch die ehemalige Profiskiläuferin, heutige Sportjournalis-
tin und Leiterin der Abteilung Kommunikation und Prävention
bei der Nationalen Anti-Doping-Agentur (NADA), Ulrike Spitz,
zieht etliche Beispiele aus der Welt des Fußballs heran, wenn sie
über Fairplay im Sport spricht. Dabei stellt sie Überlegungen
zur Häufigkeit und gesellschaftlichen Akzeptanz von
„taktischen Fouls" und somit zum Fairplay in Mannschaftssportarten an, wirft jedoch auch grundlegende gesellschaftliche
Fragen zum Thema Doping vor allem in den Individualsportarten auf.

Um das Thema Doping geht es auch im Beitrag von Ines
Geipel, ehemalige Leistungssportlerin in der DDR und heutige
Vorsitzende der Dopingopfer-Hilfe. Sie selbst gehörte im Jahr
2000 zu den 22 Nebenklägerinnen im Prozess gegen die Verantwortlichen des systematischen Zwangsdopings im DDR-
Leistungssport. In ihrem eindrücklichen Beitrag zeigt sie, wie
Sport zum Lebensschicksal werden kann und gibt Einblick in
die Arbeit der Dopingopfer-Hilfe. Dabei kommt sie auch immer
wieder auf aktuelle Fälle zu sprechen und unterstreicht so ihren
Eindruck, dass Sport immer mehr zu einer Event- und Geldma-
schine geworden ist.

Zu einem ähnlichen Ergebnis kommt auch der Münchner
Kommunikationswissenschaftler Michael Meyen, der sich dem
Thema Sport mit Blick auf seine Medienwirksamkeit annähert.
Seine These, dass Presse, Hörfunk, vor allem aber das kommerzielle Fernsehen den Sport seit den 1980er Jahren nach genau
dem Bild geformt haben, das sie benötigen, um es wirksam zu
vermarkten, untermauert er nicht nur mit eindrücklichen Beispielen aus dem veränderten Regelwerk des Fußballs, sondern

ebenso mit Beispielen aus anderen Ballsportarten oder der Leichtathletik.

Dass Sport dennoch mehr sein kann und für jedes Individuum sein sollte, erläutern die Heidelberger Kollegen Rüdiger Heim und Gerhard Huber vom Institut für Sport und Sportwissenschaft in ihren Beiträgen. Anhand eindrucksvoller Zahlen und Beispiele zeigen sie, warum Sport nicht nur gesund, sondern gleichzeitig auch ein wichtiger Teil von Bildung ist. Sie machen deutlich, welchen Beitrag die Universität Heidelberg dazu leistet, dass diese wissenschaftlichen Erkenntnisse dort ankommen und umgesetzt werden, wo es notwendig ist: in den Schulen und in unserer Gesellschaft.

Ich möchte all jenen herzlich danken, die an der Entstehung dieser Vortragsreihe beteiligt waren, insbesondere den Referentinnen und Referenten, die den Abdruck ihrer Beiträge im vorliegenden Sammelband ermöglicht haben.

Unseren Leserinnen und Lesern wünsche ich viel Vergnügen bei der Lektüre und hoffe, Sie bei der nächsten Vortragsreihe des Studium Generale an der Universität Heidelberg begrüßen zu dürfen.

Óscar Loureda
Prorektor

GUNTER GEBAUER

Rituale im Sport

Nehmen wir an, aus dem Sport würden mit einem Mal alle Rituale verschwinden. Sportliche Wettkämpfe würden so geschehen, wie man zur Arbeit geht, seine morgendlichen Dehnübungen macht oder seine Joggingrunde dreht. Fußballer würden sich irgendwann auf einem Platz einfinden und zu spielen anfangen, Zuschauer kämen hinzu, guckten sich die Sache an und würden wieder nach Hause fahren; manchmal würde etwas darüber in der Zeitung stehen. Olympische Spiele wären große Jugendcamps mit gelegentlichen Wettkämpfen im Laufen, Schwimmen, Turnen, Rudern; danach würden die Teilnehmer wieder in ihr Land zurückfahren.

So oder so ähnlich hat der Sport einmal angefangen – in kleineren Gruppen, nach Verabredung, mit einer Handvoll Freunden und Verwandten als Zuschauer. Ein solcher Sport besitzt keine Rituale, aber selbst er ist von Ritualisierungen durchzogen: Er ist gemeinsame Aktivität zu bestimmten Zeiten, an festgelegten Orten, er wird nach mehr oder weniger ausformulierten Regeln betrieben, die einen Anfang und ein Ende der Wettkämpfe sowie eine interne Strukturierung angeben (z. B. Anpfiff, Spielunterbrechungen bei Fouls, Abpfiff, Verkündigung des Spielergebnisses). Aber mehr nicht. In diesem Beispiel gibt es kein *aufgeführtes* rituelles Geschehen, wie wir es von großen Sportveranstaltungen heute kennen, sondern nur eine *ritualisierte Praxis*.

Mit dieser Überlegung wird schlagartig klar, welche ungeheure Vermehrung und Vergrößerung an rituellem Potential sich im Sport in den letzten Jahrzehnten entwickelt hat. Man begreift

auch, welche Kraft und Faszination die Rituale des Sports entfalten, welche Rolle sie für unser Leben spielen und welche ver-
gemeinschaftenden Wirkungen sie haben. Während ihres 50-
jährigen Bestehens hat es die Bundesliga geschafft, für unzäh-
lige Haushalte in Deutschland das Wochenende zu strukturieren:
Samstag um halb vier beginnt die Bundesliga, ab 18 Uhr bestimmt die „Sportschau" das Vorabendprogramm; die Präsenz
beim „Public Viewing" gehört für viele zum guten Ton; während der Fußball-Weltmeisterschaft bildete gemeinsames Fernsehen, Biertrinken, Jubeln Teil des Standardprogramms an mehreren Wochentagen. Die deutsche Nationalhymne war in der
Geschichte der Bundesrepublik noch nie so populär, wie wenn
sie zu Beginn eines Länderspiels gespielt wird. In der Zeit der
Olympischen Spiele wird von der „Tagesschau" keine Siegereh-
rung mit deutscher Beteiligung ausgelassen. Alles dies sind Rituale, die in die allgemeinen Sitten der Deutschen eingegangen
sind. Es ist nicht zu viel gesagt, wenn man feststellt: Der ritualisierte Sport ist an der Konstitution der deutschen nationalen
Identität beteiligt; er macht, wie der Sommerurlaub und Weih-
nachten, wesentlich mit aus, wie es sich anfühlt, Deutsche(r) zu
sein.

Ich habe mit der Vorstellung begonnen, dass die Sportrituale
aus dem öffentlichen und privaten Leben verschwunden sein
könnten. Mit dieser Überlegung wollte ich *ex negativo* zeigen,
dass der Sport mit seinen Ritualen in das Zentrum des Lebens in
Deutschland gerückt ist – ob man dies nun für übertrieben hält
oder nicht. Übertrieben wäre ein solcher Bedeutungszuwachs
von Ritualen des Sports, wenn die Gesellschaft über einen langen Zeitraum unverändert die gleiche geblieben wäre. Wird die
Kulturgeschichte unseres Landes aber heute noch angemessen
beschrieben, wenn sie das öffentliche Leben als im Wesentlichen aus Politik, Wirtschaft, Kultur bestehend darstellt und nur
mit einem Seitenblick den Bereich „Sport und Spiel" streift?
Unsere Gesellschaft hat sich in den letzten Jahrzehnten grundlegend verändert: Ihre symbolische Struktur, ihre Selbstwahrneh-
mung und ihr Bedeutungsgefüge sind andere als jene der 50er

und 60er Jahre geworden. Nicht nur das symbolische Gefüge und seine Schwerpunkte, auch die Praktiken und Werturteile sind umgebaut worden.

Man blickt fasziniert auf das Internet als den großen gesellschaftlichen Innovator unserer Zeit – zu Recht. Darüber vergisst man, dass auch die Rolle des Körpers und seiner Praktiken, seiner Darstellungen und Ritualisierungen sich grundlegend verändert haben und dies schon seit längerer Zeit. Ebenso wie die Internetkommunikation die Sprache beeinflusst und Kindern und Jugendlichen eine ungeahnte Überlegenheit gegenüber Erwachsenen verschafft, favorisiert der Sport mit seinen neuen Konventionen und Wertungen die Jugend in Fragen des Aussehens, der Kleidung, der Attraktivität und der Verhaltensrituale. Und wie das Internet die etablierten Institutionen, wie die Zeitungen, Buchhandlungen, die Musikindustrie, das Kino und Fernsehen, erschüttert, so stellen die mitreißenden und allgemein verbreiteten Rituale des Sports die Politik und die Kirche vor das Problem, ob sie in diesem einen Konkurrenten erblicken oder ob sie ihn als Verbündeten gewinnen sollen. Das Sportinteresse scheint das Interesse an Politik und Kirche zurückgedrängt zu haben.

Man kann die Situation aber auch anders sehen: Der Sport breitet sich in jene Bereiche aus, in denen die etablierten Institutionen ihre Lebendigkeit verloren haben und wo deren rituelle Formen keinen großen Zuspruch mehr finden. So erzeugt beispielsweise das enorm wichtige Schulfach Staatsbürgerkunde nicht annähernd so viel Zustimmung zur Politik des eigenen Landes – ganz zu schweigen von der emotionalen Zugehörigkeit zur Nation – wie die Länderspiele der deutschen Mannschaft. Es stimmt zwar, dass man z. B. beim Public Viewing nichts über das Wahlsystem der BRD lernt – was man aber erfährt, ist eine gefühlte Gemeinsamkeit, die in manchem vielleicht realistischer ist als die Belehrung über das „Wahlvolk", das die türkischen Nachbarn, mit denen man im Fußball gemeinsam jubelt, ausschließt. Ich will den Sport nicht schönreden und ihn nicht an die Stelle politischen Unterrichts stellen; meine Überlegung geht

in eine andere Richtung: Der Sport nimmt der Politik nichts
weg, sondern ergänzt und stützt sie in einer wichtigen Hinsicht -
er zeigt der Politik, wie man eine Bevölkerung, insbesondere
junge Leute, gewinnt, wie man Begeisterung weckt in einer Gesellschaft, die sich nach großen Gefühlen sehnt, aber davon im
Alltag der Politik wenig geboten bekommt.

Was man in den letzten Jahrzehnten beobachten konnte, war
eine Entwicklung, die mit der Betonung der Körperlichkeit den
alten Gemeinschaftsformen etwas Neues entgegenstellte, das
von ihren Vertretern auf Distanz gehalten, wenn nicht abgelehnt
wurde. Rituale sind wesentlich körperlich; sie haben eine volle
sinnliche Präsenz; sie erzeugen Eindrücke, die auf Andere ebenso wie auf das eigene Innere der Handelnden wirken. Ihre Zu-
rückweisung durch die Vertreter der alten Eliten ist nicht zuletzt
von der Erinnerung an die deutsche Vergangenheit motiviert:
Rituelle Aufführungen von vielen Menschen, von „Massen", mit
starker körperlicher Präsenz waren eines der wirkungsvollsten
Mittel des Nationalsozialismus und – in etwas anderer Form –
des preußischen Militarismus: Aufmärsche, Paraden, Gebrüll,
laute Marschmusik, kollektive Bewegungen auf Exerzierplätzen,
Inszenierung von Feierlichkeit und Gemeinsamkeit etc. Für das
Bildungsbürgertum, soweit es in der Bundesrepublik noch die
öffentliche Meinung beeinflussen konnte, waren zur Schau ge-
stellte Körper, massenhafte Bewegung, Zuschauerlärm, Fußball-
spielen unsägliche Verhaltensweisen. Bis tief in die 60er Jahre
hinein waren die Meinungsführer in Politik, Wissenschaft und
Kultur der BRD durch eine ausgesprochene Ritualmeidung und
Körperdistanzierung gekennzeichnet.

Eine andere Situation entstand, als seit Mitte der 60er Jahre
dem körperlichen Verhalten ein größerer Freiraum gewährt
wurde – zuerst in der Popkultur, die in der Bildenden Kunst den
Einsatz körperlicher und populärer Mittel durchsetzte (in der
Aktionskunst, im Happening und in der Popart). Ein zweiter Bereich war die Popmusik; sie wurde auch von Künstlern der
Avantgarde, die zur Hochkultur zählten, angenommen. Als die
rituellen Ereignisse des Sports bei den Olympischen Spielen in

München 1972 und bei der Fußball WM 1974 im eigenen Land, die in Direktübertragungen im Fernsehen verbreitet wurden, allmählich allgemeine Akzeptanz gewannen, wurde gleichsam der Bann aufgehoben, der solche Ereignisse als vulgär abqualifiziert hatte. Dennoch dauerte es noch eine ganze Zeit, bis die Sportler und die Zuschauer eigene Rituale entwickelten. Das entscheidend Neue gegenüber den traditionellen Ritualen ist, dass sie spontan von den Individuen, zum einen von Zuschauern (Fankulturen als Unterstützer von Bundesligamannschaften), zum anderen von den Sportlern selbst (Aufforderungen zum Anfeuern, Bedankungsrituale) initiiert und nicht 'von oben' angeordnet wurden.

Ein folgenreicher Wandel trat in den 1980er Jahren ein, mit der Hinwendung zur fühlenden, emotionalen Seite des Menschen. Auf die deutlich gesteigerte Aufmerksamkeit für die sinnliche Seite des Körpers hatte die Werbung für Konsumgüter einen nicht unerheblichen Einfluss. Ihre Bilder zeigen den menschlichen Körper unter Aspekten eines schönen, attraktiven und genussreichen Lebens – schnelle Autos, Parfums und Kosmetika, Kleidung, Weine, Fernreisen, Wellness ... 1987 gingen gleich mehrere TV-Stationen auf Sendung, die sich ausschließlich durch Werbung finanzierten und Vorstellungen luxuriöser Lebensstile in Fernsehbildern verbreiteten.

Von den neu entstehenden Ritualen im Sport wurden die Zuschauer als aktive Teilnehmer einbezogen (*La Ola*, Anfeuerungsrituale, Fan-Choreographien, Fahnen, Spruchbänder, geschminkte Gesichter, Verkleidungen, Public Viewing an „Kult-Orten" wie vor dem Brandenburger Tor) gewannen mit ihrem Appell an Jugendlichkeit und ihrer Lebendigkeit schnell an Raum. Zu ihrer Verbreitung trug nicht zuletzt bei, dass sich nicht ausschließlich junge Menschen an ihnen beteiligen, sondern von einem jung gebliebenen älteren Bevölkerungssegment als ‚Jungmacher' eingesetzt werden können; auch bei dieser Altersklasse kommen die verordneten, standardisierten Rituale der traditionellen Institutionen nicht mehr an. Rituelle Elemente des Sports, die man im Fernsehen gesehen hatte, wurden in das eigene Verhalten übernommen: Abklatschen als Begrüßung, die Kreisformation als gemeinschaftsbildende Konzentrationsübung der Spieler vor dem Match, das Jubeln, die im Triumph erhobenen Arme. Psychologen versichern, dass Rituale dieser Art tatsächlich wirksam sind: Sie erhöhen die Konzentration, erzeugen Gemeinschaft, steigern die Freude, erzeugen Glücksgefühle, schaffen Erinnerungen. Durch kollektive Rituale wird ein wirksames Wir-Gefühl hervorgebracht, eine je individuelle Emotion, die sich mit den Emotionen anderer Menschen verbindet.

Für die Athleten sind die Rituale des Sports bei ihrem Handeln nicht zu ersetzen. Sie helfen ihnen, Konzentration, Kraft, Mut, Zuversicht und das Gefühl der Überlegenheit zu gewinnen. Allerdings wirken sie nicht weniger auf die Zuschauer, die beim Zusehen keineswegs passiv sind. Bei ihnen rufen die wahrgenommenen Ereignisse eine innere Beteiligung hervor, die sich als ein *empathisches* Verbundensein mit den Sportlern äußert. Beim Zusehen fremder Bewegungen werden, wie Keysers nachgewiesen hat, ähnliche motorische Regionen wie bei den Sportlern selbst aktiviert.[1] Bei rituellen Handlungen ist Empathie meines Wissens noch nicht untersucht worden, aber es ist leicht vorstellbar, dass gerade Rituale des Sports beim Zuschauen eine innere Beteiligung hervorrufen. Als kollektiv aufgeführte Rituale machen sie das Innenleben einer ganzen Gemeinschaft sichtbar: ihre Wünsche, ihren Stolz, ihr Bild von sich selbst, aber auch ihre Ängste, Komplexe und Vorurteile.

Durch Aktivierung ihres eigenen Erregungs- und Bewegungssystems erzeugen die Zuschauer von Sportereignissen ein emotionales Mitgerissen-Werden, das heute weder Politik noch Kirche auszulösen vermag. Mit diesem Hinweis soll nicht die Überlegenheit von sportlichen Ritualen gegenüber politischen und kirchlichen behauptet werden. Es geht mir vielmehr darum zu zeigen, dass diese Wirkung von dem starken Einbezug des Körpers hervorgerufen wird, während sich das Handeln in Politik und Kirche weitgehend ohne Betonung des *Körperlichen*

---

[1] Siehe Christian Keysers: *Unser empathisches Gehirn. Warum wir verstehen, was andere fühlen.* München 2013.

vollzieht. Gegen den Einwand, dies sei zwangsläufig der Fall, weil es in beiden Feldern *auf semantische Gehalte* ankomme, auf Argumente in der Politik und Spiritualität in der Kirche, lässt sich antworten, dass die Rhetorik und die Liturgie über beträchtliche sinnlich-körperliche Elemente verfügen können, die im Übrigen von Außenseitern in beiden Bereichen kraftvoll genutzt werden, beispielsweise von radikalen Gruppen und neuen Sekten.

In die Kulturen des Sports sind insbesondere religiöse Elemente der Bewunderung und Anbetung der Athleten aufgenommen worden. So agieren Fußballfans in den Stadien den von ihnen verehrten Fußballern und Mannschaften gegenüber wie kirchliche Gemeinden, nur lauter und wilder. Was ihren Handlungen einen religiösen Charakter gibt, ist die rituelle Aufführung ihrer Bewunderung und Anbetung. Sie bestehen aus heftigen kollektiven Bewegungen, die im Rhythmus von Andachtsposen und Tänzen, begleitet von Gesängen und Sprechchören aufgeführt werden. Sie wechseln zwischen äußeren und inneren Akten, Ekstase und Ergriffenheit, Triumph und Trauer, Freude und Schmerz. Im Folgenden sollen die Rituale des Fußballs unter dem Aspekt ihres religiösen Charakters betrachtet werden.

In Zeit und Raum grenzt sich das rituelle Geschehen des Fußballs gegen die Alltagswelt ab. Zu seinen Ritualen gehört, dass sie regelmäßig stattfinden; ihre Zeitstruktur ist zyklisch; jede Spiel-Saison ist nach dem gleichen temporalen Schema gegliedert – am Ende des Sommers beginnt die neue Spielzeit, im Frühsommer des folgenden Jahres wird sie mit der Ehrung des Champions abgeschlossen. In den Stadien wird durch die Architektur ein verdichteter Innenraum gebildet, der die Blicke der Zuschauer auf den „heiligen Rasen" richtet und eine Nähe der Zuschauer untereinander und zu den Spielern erzeugt. Durch das rituelle Geschehen wird in dieser raumzeitlichen Welt ein Raum des Glaubens hervorgebracht. Darin bilden die Zuschauer eine Gemeinde, die ihre Imagination über das reale Spielgeschehen legt und dieses in einen quasi-religiösen Glauben einhüllt. Viele von ihnen kommen ins Stadion mit der Sehnsucht nach Überschreitung der Alltagswelt, nach einer idealen Welt, in der die von ihnen bewunderten Spieler *ihre* Ordnung schaffen und sie gegen die andere Mannschaft durchsetzen.

Im Raum des Glaubens, der sich im Stadion bildet, werden die verehrten Spieler zu besonderen Wesen erhöht:[2] Mit ihrem Erscheinen auf dem Rasen spricht die Gemeinde ihnen Eigenschaften zu, die sie weit über ihr alltägliches Leben erheben. Von den Griechen wurden die Olympiasieger als „Heroen" angesehen, als Wesen zwischen Göttern und Menschen, ausgestattet mit männlicher Schönheit und Kraft, die als so außergewöhnlich angesehen wurden, dass sie den Göttern (die als unsichtbar galten) auf bildlichen Darstellungen ihre Körper ‚liehen'. Macht und Inspiration sind auch heute die am meisten bewunderten Tugenden der modernen Fußballheroen. Gewiss haben sie an sich gearbeitet, sie haben trainiert, sich in strenger Lebensführung geübt, aber das haben die anderen Spieler auch getan. Sie hingegen sind die Begnadeten; ihnen gelingen Dinge, die anderen niemals glücken würden. Immer wieder vollbringen sie Taten, von denen die Nachwelt noch Jahrzehnte später spricht. Woher kommen diese Kraft und Inspiration? Es gibt dafür eine mythologische Deutung und eine soziologische Erklärung. Beide laufen darauf hinaus, dass es die Gemeinde ist, die durch *ihre Rituale* den Heroen ihre höheren Eigenschaften verleiht.

Den Zusammenhang von Ritualen und der Erscheinung eines höheren Wesens hat als erster Nietzsche erkannt. In der *Geburt der Tragödie* gibt er eine mythologische Beschreibung, wie aus den am Dionysos-Kult Beteiligten in einem Akt der ekstatischen Verwandlung „ein Satyrchor" entsteht, ein „Chor von Naturwesen, die gleichsam hinter aller Civilisation unvertilgbar leben".[3]

---

[2] Den folgenden Text habe ich, in stark verkürzter Form, an mein Buch *Poetik des Fußballs*. Frankfurt a. Main 2006 angelehnt.
[3] Friedrich Nietzsche: *Die Geburt der Tragödie*. In: ders.: *Kritische Studienausgabe*, hg. v. G. Colli und M. Montinari, Band 1, Berlin/New York 1988, 7-156, hier 56.

In der Erregung fühlt sich „eine ganze Schaar [...] in dieser Weise verzaubert";

> der dithyrambische Chor ist ein Chor von Verwandelten [...] In dieser Verzauberung sieht sich der dionysische Schwärmer als Satyr, *und als Satyr wiederum schaut er den Gott*, d. h. er sieht in seiner Verwandlung eine neue Vision ausser sich, als apollinische Vollendung seines Zustandes (Nietzsche, a. a. O., 61 f.).

Der Gott Dionysos ist in der Tragödie „nicht wahrhaft vorhanden, sondern wird nur als vorhanden dargestellt" (ebd.). Der dithyrambische Chor bringt durch das Ritual das Sakrale hervor: eine Geburt der Gottesvision aus dem Geist des Tanzes. Durch die Bewegung wird zuerst das Innere umgestaltet – aus den Choreuten werden Satyrn – , dann wird dieses nach außen gekehrt, als eine chorische Handlung von „Naturwesen". Die Verwandlung des Inneren ist die Voraussetzung für die Erzeugung des visionären Bildes. Das Heilige existiert zuerst in den Körpern der Tänzer; in ihren Bewegungen wird es zu einer sinnlich erfassbaren Gestalt geformt. Der Held ist

> im Grunde nichts mehr [...] als das auf eine dunkle Wand geworfene Lichtbild, d. h. Erscheinung durch und durch (a. a. O., 65).

Im Ritual ist der Gott Dionysos eine mythische Erscheinung und zugleich als lebende Gottgestalt *wirklich*. Auch in der Wahrnehmung der Fans werden Maradona, Zidane, Messi als höhere Wesen höchst real. Die Fans streben danach, ihrem Heiligen so nahe wie möglich zu kommen: durch Verklärung einerseits, die zugleich zu einem unüberbrückbaren Abstand wird, insofern der Heilige in eine unerreichbare Sphäre entrückt wird; andererseits durch Riten *persönlicher* Verehrung, z.B. durch das Tragen von Shirts mit dem Namen des Angebeteten und durch Erwerb von Devotionalien mit seinem Abbild.

Für die soziologische Erklärung bietet die Religionssoziologie von Emile Durkheim einen Ansatz, den man auf scheinbar weit von den Religionen entfernte Gegenstände wie den Fußball

übertragen kann.[4] Durkheim begreift das Verhältnis Heiliger –
Gemeinde als ein Phänomen kollektiven Glaubens, das durch
körperliche Rituale erzeugt wird. Wie Nietzsche stellt er die
Gemeinde als den rituell angetriebenen Motor des Geschehens
dar. Durkheim selbst spricht von „kollektiven Handlungen" oder
„kollektivem Leben"; er meint damit weit mehr als das, was
eine Ansammlung von Menschen gleichzeitig tut. Damit aus einer Gesellschaft eine religiöse Gemeinschaft entsteht, muss sich
eine besondere Form des sozialen Zusammenhangs herstellen.
Eine Gemeinschaft hat ihren Ursprung darin, dass in den übli-
chen sozialen Beziehungen zwischen Individuen besondere
Veränderungen eintreten: Sie werden mit Emotionen und Be-
deutungen aufgeladen, die die Beteiligten weit über den Alltag
erheben. Die Veränderungen entstehen spontan und lokal; sie
ereignen sich in Handlungen, die zu festgelegten Zeitpunkten an
typischen Orten zyklisch wiederholt und von den Einzelnen in
gemeinsamen Bewegungen vollzogen werden.

In der Gemeinschaft schließen sich die vielen Mitglieder zu
einem großen Wesen zusammen, das höher und mächtiger ist als
die einzelnen Subjekte. Wer innerhalb der Grenzen der Gemeinschaft lebt, nimmt einen Platz in einer Über-Person ein, die er
gemeinsam mit den anderen erzeugt – sie ist die entscheidende
Instanz für die Entstehung einer religiösen Dimension des Fußballs. Ihr Glauben ist zunächst ein Glauben an sie selbst: sie
glaubt an sich selber als eine ideale und mächtige Gemeinschaft.
Sie idealisiert sich und überträgt das Resultat dieser geistigen
Hervorbringung auf die von ihr erschaffenen Idealwesen. Im
Fußball entstehen die Heiligen also aus einer Veräußerlichung
der sozialen Macht und der Idealisierung durch die Gemeinde.
Aus der Mitte der mächtigen Gemeinschaft werden die Ideal-
vorstellungen formuliert, die „ihre" Spieler zu erfüllen haben.

---

[4] Ich beziehe mich hier und im Folgenden auf Durkheims soziologische
Theorie des Heiligen, in: Emile Durkheim: *Les formes elémentaires de la
vie religieuse*, Paris 1968 (dt.: *Elementare Formen des religiösen Lebens*.
Frankfurt a. Main: Suhrkamp 1981); im Folgenden wird mit eigener
Übersetzung aus dem französischen Original zitiert.

Aus den kollektiven Ritualen bildet sich die *Gemeinsamkeit* aller Beteiligten. Ähnlich vereinigend wie gemeinsames Trinken wirkt das Absingen von Fußballhymnen, unterstützt von gleichen Bewegungsweisen.[5] Über den berühmtesten aller Fangesänge *You'll never walk alone* sagt Sir Simon Rattle in einem Interview mit der Süddeutschen Zeitung:

> Wenn Sie an der Anfield Road (SZ: … dem Stadion des FC Liverpool …) stehen und diesen Sound hören – der geht nicht ins Ohr, der geht in den Bauch. Das ist kein Singen, wie wir es aus der Philharmonie kennen. Das ist ein Ausdruck kollektiver Ergriffenheit.[6]

Beim Absingen der Hymne ist eine strikte rituelle Ordnung einzuhalten; die Schals werden mit beiden Händen über dem Kopf im Rhythmus der Musik langsam hin und her bewegt, wie die Fahnen einer Prozession.[7] Der Volksliedforscher Ernst Klusen ordnet das Singen in Fußballstadien in ein magisches Weltbild

[5] Reinhard Kopiez: *Alles nur Gegröle? Kultische Elemente in Fußball-Fangesängen.* In: M. Herzog (Hg.): *Fußball als Kulturphänomen. Kunst – Kult – Kommerz.* Stuttgart: Kohlhammer 2002, 293-303.
[6] „'Sie müssen hungrig sein'. Dirigent Sir Simon Rattle über Gemeinsamkeiten von Orchestern und Fußballteams, das Wembley-Tor von 1966 und britische Zeitungen", vom 26./27. Juni 2010. Eine andere christlich inspirierte Hymne, die in England sehr populär ist, wird von Reinhard Kopiez dargestellt: *Abide with me*, in der die Worte des Dichters Henry F. Lyte als eine „Erbauungshymne" vertont worden sind: „Abide with me: Fast falls the eventide. The darkness deepens; Lord, with me abide! When other helpers fail and comforts flee, help of the helpless, o abide with me. Amen." Der Text dieser religiösen Hymne lehnt sich an das Lukas-Evangelium (Lk 24,29) an, in dem es anlässlich der Begegnung des auferstandenen Jesus mit den Emmaus-Jüngern heißt: „Da nötigten sie ihn und sprachen: ‚Bleibe bei uns, denn es will Abend werden, und der Tag hat sich schon geneigt.' Und er ging hinein, um bei ihnen zu bleiben." (Kopiez, a. a. O., S. 296 f.)
[7] In Dortmund wird die Hymne gesungen: *Leuchte, meine Stern, Borussia*, „was eher an den Stern von Bethlehem als an ein Fußballspiel erinnert. Im Zentrum religiöser Symbolik steht die Monstranz, hier ‚Pokal' genannt. Damit diese Reliquie nicht nur von den Spielern nach einem Sieg in Händen gehalten werden kann, ist es bei den Fans üblich, hiervon Kopien anzufertigen. Unweigerlich stellen sich Assoziationen an Fronleichnams-prozessionen ein." (Kopiez, a. a. O., S. 297)

ein.[8] Will der Mensch den magischen Kräften „näherkommen,
um sie z. B. für seine Vorhaben günstig zu stimmen, so muß er
seine Alltäglichkeit verlassen und versuchen, einen ekstatischen
Zustand zu erreichen" (Klusen, ebd.). Dies gelingt durch drei
Bedingungen, unter denen das Singen im Stadion steht: durch
ein nicht-alltägliches Getränk (Narkotikum), durch die nicht-
alltäglichen Bewegungen (Tanz) und die nicht-alltägliche Kleidung (Maske).

> Mit Hilfe dieser drei Komponenten (Narkotika, Tanz und Maske),
> von denen jede für sich den Fans, die im Alltag vermutlich nie oder
> selten ihre Stimme singend einsetzen, das subjektive Gefühl von Si-
> cherheit bietet, können nun die (Fußball-) Götter um Hilfe angeru-
> fen werden. [...] So wage ich [...] die Behauptung, daß das Fuß-
> ballstadium zumindest quantitativ eine bedeutende – wenn nicht gar
> die bedeutendste – Kultstätte unserer Zeit ist. Es ist tatsächlich ein
> ‚locus theologicus'. (Kopiez, a. a. O., S. 302)

Das Religiöse erhält nach Durkheim seine Formen und Ausprägungen von der Gesellschaft, die es praktiziert: zum einen von
der Struktur der Gesellschaft, zum anderen durch die Aufführung gemeinschaftlicher Handlungen, durch gemeinsames körperliches Ritualhandeln.

Die Macht der Heiligen wird also nicht von diesen selbst
hervorgebracht. Alle symbolischen Kräfte ihres Körpers und ihrer Handlungen fließen ihnen durch die rituelle Aktivität der
Gemeinde zu. Ganz gewöhnliche Menschen bringen unter diesen Bedingungen im Diesseits die Vorstellung von etwas Höhe-
rem hervor.

> Die Aufteilung der Welt in zwei Bereiche, deren einer alles, was
> heilig, deren anderer alles, was profan ist, umfaßt – das ist der Zug,
> der das religiöse Denken kennzeichnet; die Glaubensweisen, die
> Mythen, die Dogmen, die Legenden sind entweder Repräsentatio-
> nen oder Repräsentationssysteme, die die Natur der heiligen Dinge,
> die ihnen zugeteilten Wirkungen und die Fähigkeiten, ihre Ge-

[8] Ernst Klusen: *Singen. Materialien zu einer Theorie.* Regensburg 1989,
85 f.

schichte und die Verhältnisse ausdrücken, in denen sie zueinander und zu den profanen Dingen stehen.[9]

Nach Durkheim entwickelt jede Gesellschaft bestimmte *Idealvorstellungen über sich selbst*. Insbesondere religiöse Gemeinschaften übernehmen diese Aufgabe: Aus ihrer Mitte bilden sich Imaginationen darüber, wie die Gesellschaft *sein soll*. Sie zeigen mit Hilfe von gemeinsamen Handlungen alle jene Merkmale, welche der ganzen Gesellschaft idealerweise zukommen sollen; sie führen vor, was laut Durkheim „in einer Gesellschaft wesentlich ist": „Die Idee, die sich die Gesellschaft von sich selbst macht, ist der Kern der Religion."[10] Aufgrund ihrer Vorstellungs- und Aufführungstätigkeit erwirbt sich die religiöse Gemeinschaft eine besondere Stellung und herausgehobene Bedeutung für die Gesellschaft.

In dieser Perspektive wird die außerordentlich wichtige soziale Rolle des Religiösen deutlich. Religion bewirkt eine Intensivierung der Gefühle und des Zusammenhalts der Gesellschaft; zugespitzt gesagt: Die Steigerung des sozialen Seins wendet sich ins Religiöse. Man kann diesen Gedanken über Durkheim hinaus weiterführen: Von den Gemeinschaften des Sports lässt sich annehmen, dass sie ein Konzept einer idealen Gesellschaft entwerfen und dieses in ihren Aufführungen verkörpern – ein Konzept, das ihrer eigenen Organisation und Existenzweise entspricht. Wenn eine Gemeinschaft des Sports ihre Gesellschaftsvorstellung in den Rang eines religiösen Phänomens zu erheben vermag, dann ist dies ein untrügliches Indiz für ihre soziale Wirksamkeit.

---

[9] Carsten Colpe: *Über das Heilige. Versuch, seiner Verkennung kritisch vorzubeugen*, Frankfurt am Main 1990, S. 28 f.
[10] Emile Durkheim, a. a. O., S. 598 f.

RÜDIGER HEIM

Sport ist ... ein Teil von Bildung

Wenn es darum geht, die Segnungen des Sports herauszustellen, ist der organisierte Sport, vor allem von Seiten der Verbände, nach wie vor nicht zimperlich. In Sonntagsreden seiner Funktionsträger, auf Plakaten, in Broschüren und Trailern bei Sportübertragungen des Fernsehens wird an den positiven Wirkungen des Sports kein Zweifel gelassen: Er mache Heranwachsende stark gegenüber Sucht und Drogen, schütze vor Gewalt, biete geradezu eine Schutzimpfung gegen Rechtsradikalität und Rassismus, fördere wie selbstverständlich die gesellschaftliche Integration, vor allem von Menschen mit Migrationsgeschichte. Und überhaupt unterstütze und fördere er nachhaltig die Entwicklung der Persönlichkeit von jungen Menschen in all ihren Facetten. Sport tue nicht nur Deutschland gut – so die einschlägige Kampagne des Deutschen, nunmehr Olympischen Sportbundes –, sondern biete vielfältige und bedeutsame Beiträge zur Bildung, insbesondere von Kindern und Jugendlichen.

Nicht erwähnt werden in solchen Zusammenhängen all jene Phänomene, die zumindest Zweifel an den segensreichen Wirkungen des Sports wecken: Nahezu regelmäßig werden wir ins Bild gesetzt über wieder einmal frisch ertappte Sportler, die ihren Leistungen mit Doping in allen möglichen Spielarten auf die Sprünge helfen. Oder über sehr bereitwillige Helfer unter Ärzten und Funktionären, die derartige Praktiken nicht nur dulden, sondern systematisch ermöglichen und intensiv stützen. Und wenn das Kind dann in den Brunnen gefallen ist, also eine positive Dopingprobe vorliegt, wird alles getan, um den Befund zu unterschlagen, zu vertuschen oder mit haarsträubenden Begründungen zu erklären und zu entschuldigen. Und machen wir uns nichts vor: Doping oder zumindest Arzneimittelmissbrauch sind keine Auswüchse allein des Spitzensports; auch immer mehr Hobbysportler schlucken mittlerweile Pillen, um besser, schlanker oder muskulöser zu werden. Zudem machen uns gerade in letzter Zeit wenigstens einige Medien auf mannigfaltige Manipulation und Korruption im Spitzensport aufmerksam, zumindest auf substanzielle Verdachtsmomente, die plausible Erklärungen für befremdliche sportpolitische Entscheidungen im Hinblick auf die Austragungsorte großer Sportveranstaltungen liefern.

Und auch Gewalt und Rassismus, zumal unter Zuschauern, sind wieder ein hoch aktuelles Thema. Und das nicht nur in den Profi-Ligen: Im Juli diesen Jahres lieferten sich bei Esslingen die Zuschauer bei einem Fußballspiel von 7-8-Jährigen nach einem umstrittenen Schiedsrichterpfiff eine handfeste Auseinandersetzung, die nur durch einen Polizeieinsatz beendet werden konnte. Vor drei Wochen sorgte ein randalierender Co-Trainer in Hessen beim Spiel seiner 8-10-jährigen Schützlinge für einen Spielabbruch, weil er den Schiedsrichter zu Boden stieß. Zwei Tage später hat ein Spielervater in Reutlingen bei einem Kreisligaspiel einen Vereinsfunktionär zusammengeschlagen und schwer verletzt. Soweit nur einige Zeitungsmeldungen der letzten Zeit.

Aber vielleicht sollte man sich von solchen Berichten nicht zu sehr beeindrucken lassen. Denn nicht nur die in der Öffentlichkeit sichtbaren Funktionäre verweisen auf besondere Potenziale, die sie in ihrem Sport sehen und erlebt haben. Wer mit Übungsleitern und Trainern spricht, wird schnell merken, dass sie ihr hoch anerkennenswertes ehrenamtliches Engagement nicht nur mit der Passion für ihren Sport begründen. Sie weisen vielmehr darauf hin, dass ihre Schützlinge im Sport auch Dinge gelernt haben, die ihnen im Leben jenseits von Turnhalle und Sportplatz helfen. Und sie können dafür häufig konkrete Personen oder Beispiele nennen. Man lerne im Sportspiel eben nicht nur sich mannschaftsdienlich zu verhalten und entwickle nicht nur Teamfähigkeit, sondern darüber hinaus solidarisches Handeln. Der im Kampfsport erlernte Respekt gegenüber dem Gegner, zeige sich nicht nur auf der Matte, sondern auch auf dem Schulhof. Die im Leichtathletiktraining erworbene Anstrengungsbereitschaft und das Durchhaltevermögen schlügen sich gleichfalls in einer entsprechenden Lernbereitschaft und Beharrlichkeit in der Schule nieder. Wer im Sport gelernt hat, Ordnungsrahmen und Regeln einzuhalten, tue dies auch in Familie und Freundeskreis, Schule und Beruf. Die Erfahrungen von Gewinn und Niederlage seien nicht nur für den nächsten Wettkampf bedeutsam, sondern auch im Umgang mit der verhauenen Mathe-Arbeit. Und überhaupt stärkten erfahrene Leistungszuwächse und sportliche Erfolge das Vertrauen in die eigenen Kräfte und Stärken. Kurz gesagt: Sport trage maßgeblich zur Entwicklung von generellem Selbstvertrauen und Selbstbewusstsein, zur Identitäts- und Persönlichkeitsentwicklung vor allem im Jugendalter bei.

All diese Argumente sind grundsätzlich durchaus plausibel. Allein, es fehlen überzeugende empirische Belege, die solche Wirkungen auf breiter Front substanziell stützen.

All diese Hinweise deuten darauf hin, dass es doch nicht ganz so einfach ist, pauschal oder grundsätzlich einen Bildungswert für den Sport zu reklamieren.

Um die Frage nach dem Zusammenhang von Bildung und Sport seriös anzugehen, will ich daher etwas systematischer vorgehen.

II

Das Thema „Bildung" hat seit einigen Jahren in unserer Republik wieder enorme Konjunktur. Dies gilt gleichermaßen für die öffentliche wie auch die wissenschaftliche Diskussion.

Das ist nicht selbstverständlich. Denn Bildung galt spätestens seit den 1970er Jahren

> als idealistisch überhöht; als bildungsbürgerlich korrumpiert, als ideologisch abgewirtschaftet, als begrifflich mehrdeutig und diffus,

als metaphysisch überlastet, als empirisch nicht einholbar" (Messner, 2003, S. 400).

Alles in allem wurde Bildung von vielen also als ein historisch überholtes, nicht mehr zeitgemäßes Konzept verworfen, das vor allem die Fragen und Probleme des Aufwachsens in einer sich als modern verstehenden Gesellschaft nicht mehr angemessen beschreiben und analysieren, geschweige denn beantworten könne. So hatte eine auf Emanzipation setzende Pädagogik den Begriff Bildung weitgehend aufgegeben, weil er die Hoffnungen und Erwartungen auf gesellschaftliche und auch schulische Veränderungen nicht mehr stützen oder gar anleiten konnte.

Bildung war – auch in der Alltagssprache – zu einem weitgehend inhaltsleeren Beiwort für die Einrichtungen, Inhalte und Maßnahmen geworden, mit denen man junge Menschen im Hinblick auf Wissen und Qualifikation konfrontierte. Jenseits dieser Bereiche fungierte Bildung nur noch als mehr oder minder unscharfes, unbestimmtes Etikett für Bildungsbürgertum und Hochkultur, gute Manieren und Kunstsinnigkeit.

Das hat sich in der jüngeren Vergangenheit geradezu dramatisch verändert. Kaum ein Monat vergeht, in dem wir nicht hören oder lesen, dass Bildung eine der zentralen Herausforderungen moderner Gesellschaften markiert. Diese neue Aktualität äußert sich nicht nur in mehr oder weniger hitzigen Debatten zur Reform des Bildungssystems, also der Kindergärten, Schulen und Hochschulen. Sondern sie nimmt auch Gestalt an in einer Ausweitung des Bildungsanspruchs von der frühen Kindheit bis ins hohe Erwachsenenalter unter dem Stichwort „lebenslanges Lernen".

Als wesentliche Auslöser dieser Entwicklung zum Megathema Bildung lassen sich recht eindeutig die Ergebnisse der internationalen Schulleistungsuntersuchungen ausmachen. In Deutschland wird seit den einschlägigen Veröffentlichungen so intensiv über Bildung diskutiert und gestritten wie lange nicht mehr seit dem Sputnik-Schock vor mehr als fünf Jahrzehnten oder der Bildungskatastrophe, die Georg Picht knapp eine Dekade später diagnostizierte.

Auslöser dieser erregten Debatte in deutscher Wissenschaft, Politik, Medien und Öffentlichkeit waren in diesem Zusammenhang vor allem die so genannten PISA-Studien: Nur noch eingefleischte Liebhaber der Baugeschichte verbinden mit dem Stichwort „PISA" jene Stadt mit dem berühmten „Schiefen Turm". Wenn heute von PISA die Rede ist, bezieht man sich vielmehr auf die Schieflage des Bildungswesens in Deutschland.

Hinter dem Akronym PISA verbergen sich international vergleichende Untersuchungen der Schulleistungen von 15-Jährigen, also zu einem Zeitpunkt im Lebenslauf, der in vielen Ländern das Ende der Pflichtschulzeit bedeutet. Angeregt, thematisch ausgerichtet und organisatorisch koordiniert wurden diese groß angelegten Studien von der Organisation for Economic Cooperation and Development, kurz OECD.

Seit der Jahrtausendwende wird mit 3-jährigem Abstand geprüft, inwieweit die Schülerinnen und Schüler über grundlegende Kompetenzen verfügen, inwieweit die Schule Heranwachsende auf die Welt von morgen und ihre Anforderungen vorbereitet. Dabei konzentriert man sich regelmäßig auf die Lesefähigkeit, die mathematischen und naturwissenschaftlichen Kompetenzen sowie hin und wieder auf allgemeine Problemlöse- oder andere fachübergreifende Fähigkeiten. Im Jahr 2000 wurden vertieft die Lesekompetenzen, im Jahr 2003 die mathematischen und 2006 die naturwissenschaftlichen Fähigkeiten intensiver und umfassender untersucht. 2009 begann der thematische Zyklus erneut mit einer Vermessung der Lesefähigkeiten und in wenigen Wochen werden der Öffentlichkeit wiederum die aktuellen Ergebnisse zu den mathematischen Kompetenzen aus dem vergangenen Jahr vorgestellt.

Charakteristisch für diese umfangreichen Untersuchungen, an denen vor vier Jahren 470.000 Schüler aus 65 Ländern der Welt teilnahmen, ist ihr grundlegendes Konzept von Kompetenzen. Erfolgreiche Kompetenzentwicklung bedeutet nämlich bei PISA nicht, das Wissen und Können zu zeigen, das die schulischen Lehrpläne und Richtlinien vorsehen. Sondern Kompetenz soll sich darin zeigen und messen lassen, in welchem Ausmaß die Heranwachsenden ihr Wissen flexibel auf bedeutsame Problemstellungen des alltäglichen Lebens anwenden können. Die PISA-Tests unterscheiden sich demnach

> von klassischen Prüfungen an der Schule, weil sie nicht kurzfristig eingeprägten Stoff abfragen, sondern das durchdrungene und grundlegende fachliche Verständnis erfassen (PISA 2006, S. 14).

Obwohl sich also die Kompetenzen auf alltagsweltliche Situationen und Probleme und nicht auf schulische Fachinhalte beziehen, korrespondieren sie mit Fächern schulischen Unterrichts. Im Visier dieser empirischen Bildungsforschung stehen deshalb vor allem die Fächer Deutsch, Mathematik, Biologie, Chemie und Physik bzw. Technik.

Wenn von Bildung in der modernen Schulleistungsforschung gesprochen wird, ist von Sport oder Sportunterricht nicht mit einem Wort die Rede! Und soweit man weiß, ist auch für die Zukunft nicht geplant, hier etwas zu ändern. Begibt man sich auf die Suche nach möglichen Gründen, liegen verschiedene Erklärungen nahe:

– Schulsport und Sportunterricht sind weltweit nicht in dem Maße verbreitet oder etabliert, dass eine international vergleichende Untersuchung sinnvoll ist.

– Oder: Fähigkeiten im Hinblick auf den Sport zu erfassen, ist ungleich schwieriger und aufwendiger als die Durchführung von Tests mit Fragebogen und Bleistift oder neuerdings am Computer.

Diese praktischen oder technisch-organisatorischen Ursachen sind durchaus plausibel und aus meiner Sicht zutreffend. Aber sie sind nicht hinreichend, um das Ausblenden des Sports in der internationalen Bildungsforschung zu erklären. Der wesentliche Grund liegt nämlich viel tiefer und ist sehr grundsätzlicher Natur – und er führt uns zu einer ersten These im Hinblick auf mein Thema:

Dass Sport und Sportunterricht keinerlei Rolle spielen, hängt mit dem *Verständnis von Bildung* zusammen, das in diesen Untersuchungen in Anschlag gebracht wird.

Wie bereits angedeutet, konzentriert sich der PISA-Ansatz weniger auf die Frage, in welchem Maße Heranwachsende die Gegenstände der Lehrpläne beherrschen, als vielmehr auf deren Fähigkeit, ihre Kenntnisse und Fähigkeiten zur Bewältigung realitätsnaher Herausforderungen einzusetzen. Man folgt hier also nicht den Vorstellungen einer Allgemeinbildung, wie sie vor allem in Deutschland lange Tradition besitzen. Grundlegend ist vielmehr der angelsächsische Literacy-Gedanke, der im Sinne von Grundbildung verstanden wird. Mit Literacy war ursprünglich die Fähigkeit gemeint, die Schriftsprache angemessen zu beherrschen. Im Sinne eines funktionalen Analphabetismus waren damit vor allem die Beschneidungen gesellschaftlicher, politischer und kultureller Teilhabe angesprochen.

Dieser Grundgedanke der Verknüpfung von minimaler Qualifikation und gesellschaftlicher Teilhabe wird nun im Pisa-Konzept auch auf mathematische und naturwissenschaftliche Bereiche ausgeweitet. Es geht also um Basisqualifikationen, um Kulturwerkzeuge, die in modernen Gesellschaften zur Realisierung von Teilhabe und Lebensbewältigung notwendig sind. Es handelt sich also um eine Auslegung des Bildungsgedankens in Richtung gesellschaftlicher Teilhabe, aber eben auch in Richtung Nützlichkeit und Brauchbarkeit. Den PISA-Forschern ist dabei bewusst, dass ihr Ansatz nicht alle Fähigkeitsbereiche abdeckt. Sie gehen aber davon aus, er erfasse all jene Kompetenzen, denen heute eine Schlüsselstellung für die gesellschaftliche Teilhabe und Weiterentwicklung zukommt. Nach eigenem Bekunden reagiert PISA damit auf einen veränderten Qualifikationsbedarf im Übergang von der Industrie- zur Wissensgesellschaft vor dem Hintergrund eines verschärften globalen, vor allem ökonomischen Wettbewerbs.

Auch von Kritikern der PISA-Untersuchungen wird es als Gewinn dieses Ansatzes gesehen, die bisher gering geschätzte funktional-pragmatische Dimension von Bildung aktualisiert und hervorgehoben zu haben. Allerdings dominiert mittlerweile der mit den Pisa-Studien neu und intensiver eingezogene Gedanke funktionaler Bildung weite Teile der empirischen Bildungsforschung. So liegt dieser Ansatz auch dem mit mehreren Millionen Euro seit 2007 geförderten Forschungsprogramm zur Entwicklung von Kompetenzmodellen und Bildungsstandards für die Schule zugrunde. Und schließlich folgt auch das Nationale Bildungspanel, die nach eigenem Bekunden weltweit größte Studie zu Bildungsverläufen, im Kern einem funktionalen Bildungsverständnis.

Es ist also festzuhalten, dass nicht nur die Relevanz und Aktualität der Bildungsfrage in den letzten Jahren enorm gestiegen sind. Vielmehr haben auch das Verständnis und die Konzeptualisierung von Bildung neuartige Akzentuierungen erfahren. Diese veränderte Auslegung des Bildungskonzepts ist nicht unwidersprochen geblieben und mit unterschiedlichen Argumenten und Stoßrichtungen wiederholt kritisiert worden. Ich kann diese Kritik in all ihren Nuancierungen hier und heute nicht angemessen ausleuchten. Daher möchte ich den aus meiner Sicht wesentlichen Kern hervorheben.

Bildung bedeutet spätestens seit der Philosophie der Aufklärung und seit Wilhelm von Humboldt, das Individuum zu einer reflektierten Auseinandersetzung mit der Welt, in der es lebt, zu befähigen. Also sich mit den Verhältnissen und Strukturen, Anforderungen und Erwartungen, Zwängen und Zumutungen der Gesellschaft auseinanderzusetzen und hierzu eine mehr oder weniger begründete Haltung zu entwickeln. Bildung ist so verstanden geradezu das Gegenteil einer rein funktionalen Einbindung in die Gesellschaft und einer Zurichtung der Individuen für gesellschaftliche Zwecke. Deshalb verweist Bildung auch darauf, Sachverhalte aus einem anderen Blickwinkel jenseits der vordergründigen oder überlieferten Perspektive wahrzunehmen. Die Aneignung und Beschäftigung mit einem Gegenstand setzt gleichzeitig einen „Prozess kritischer Auseinandersetzung mit den bisherigen Sichtweisen der Person selbst in Gang" (Kolb, 2011, S. 302). Gelingen Bildungsprozesse in diesem Sinne, können junge Menschen so eine andere, neue, erweiterte Perspektive auf die Gegenstände der Welt und auf sich selbst gewinnen. Daher heißt Bildung „in ein distanzierendes, rückfragendes Verhältnis zu sich selbst" (Kolb, 2011, 302) und zur Welt zu treten und so persönliche Orientierung für die eigene Lebensführung zu gewinnen. Bildung ist damit immer auch Persönlichkeitsbildung. Die mit Bildungsprozessen verbundenen und aus ihnen erwachsenden Kompetenzen lassen sich daher als Selbstbestimmungs-, Verantwortungs-, Urteils- und Kritikfähigkeit beschreiben.

III

Das funktional-pragmatische Bildungsverständnis, wie ich es skizzierte habe, ist in der jüngeren Fachdiskussion zweifellos dominierend, manche meinen gar erdrückend, und diese Entwicklung ist problematisch insbesondere für den Sport und den Sportunterricht.

> Denn was man im Sport lernt, ist im Leben außerhalb der Welt des Sports nicht unmittelbar nützlich oder brauchbar. Wenn wir Sport im Kern als das Lösen von Bewegungsproblemen begreifen, dann müssen wir zugeben, dass die Bewegungsprobleme, die wir uns im Sport stellen, in unserem sonstigen Leben eher nicht vorkommen (Kurz, 2009, S. 2).

Gewiss, der Läufer erreicht noch eine Straßenbahn, die

> anderen vor der Nase wegfährt; die Schlittschuhläuferin rutscht bei Glatteis vor ihrer Haustür nicht aus oder fällt zumindest geschickter, der Schwimmer kann sich und andere auch bei Hochwasser eher helfen (ebd., S. 2),

dem Kletterer wird es wohl leichter gelingen, die Katze vom Baum zu retten.

Die motorischen Fähigkeiten, die in der Alltags- und vor allem Arbeits- und Berufswelt benötigt werden, erwerben unsere Kinder nicht in einer der Bildungsinstitutionen. In nur ganz wenigen Fällen verhält sich dies anders: So mag man sich vorstellen, dass der versierte Alpinist etliches mitbringt, was im Beruf des Industrie- und Fassadenkletterers hilfreich ist. Und auch für die Tätigkeit eines Berufstauchers scheinen im Tauchsport erworbene Kenntnisse und Fähigkeiten gewinnbringend. Gewiss haben auch der Umfang und die Vielfalt von beruflichen Be-

schäftigungen im Feld des Sports, vor allem des Leistungs-
sports, in den letzten Jahrzehnten erheblich zugenommen. Die
allermeisten Anforderungsprofile in diesem Berufsfeld erstre-
cken sich allerdings auf Management-, Organisations- und Be-
ratungsaufgaben – und viel weniger auf sportliche Fähigkeiten
im engeren Sinne. Karrieren als Berufssportler sind immer noch
auf sehr wenige Sportarten und vor allem auf sehr, sehr wenige
Menschen beschränkt – auch wenn uns die Dauerberichterstat-
tung in den Medien etwas anderes glauben macht.

Daher lässt sich mithilfe eines funktionalen Bildungsver-
ständnisses weder begründen, dass es sinnvoll ist, Sport zu trei-
ben, noch lässt sich auf einer solchen Grundlage das Bildungspotenzial des Sports konzipieren. Deshalb verwundert es auch
nicht besonders, dass Eltern bei aufziehenden Problemen in der
Schule ihre Kinder häufig drängen, mehr Zeit auf das häusliche
Lernen für Englisch, Mathematik oder Deutsch zu verwenden
und demgegenüber die Spiel- und Sportaktivitäten einzuschrän-
ken.

Man könnte an dieser Stelle also die Überlegungen mit lei-
sem Bedauern abschließen und feststellen, dass Sport dann doch
keinen Teil von Bildung darstellt. Aber so früh sollte man nicht
aufgeben. Deshalb soll der Blick auf den Bereich des Sports
geworfen werden, der am engsten mit einem Bildungsanspruch
versehen ist – die Schule.

Sie ist „Ausgangspunkt und Endpunkt, A und O jeder aktuellen bildungspolitischen Debatte", so der Erziehungswissen-
schaftler Thomas Rauschenbach (2007, S. 440). Denn die
Schule kann als „Antwort des Nationalstaats auf gesellschaftliche Modernisierungsprozesse" (Baumert, 2003, S. 213 f.) verstanden werden, weil der Übergang von der Agrar- zur Indus-
triegesellschaft ein Niveau der Grund- und Allgemeinbildung
der gesamten nachwachsenden Generation verlangt hat, das
durch Lernen und Bildung in der Familie, in der Nachbarschaft
und im Alltag nicht mehr gewährleistet werden konnte. Bis
heute ist daher die Schule der zentrale Bildungsort der Gesellschaft. Ein Bildungsort mit dem Anspruch, allen Heranwach-

senden zumindest die Aneignung der wichtigsten Grundkompetenzen der Gegenwartsgesellschaft zu ermöglichen. Neben der Vermittlung der elementaren Kulturtechniken des Lesens, Schreibens und Rechnens gehörte schon früh auch der Turnunterricht – zumindest für die Jungen – zum obligatorischen Kanon der Schulfächer.

Heute nennen wir das Fach Sportunterricht, und es gehört zu den etablierten schulischen Gegenständen, wenn auch in allgemeiner Diktion zu den Neben- und nicht zu den wirklich wichtigen Hauptfächern. Doch so nebensächlich ist der Sportunterricht gar nicht, zumindest, wenn wir ihn aus quantitativer Perspektive betrachten: Rechnen wir die Stunden zusammen, die für die Fächer in der Schullaufbahn insgesamt obligatorisch vorgesehen sind, so steht Sport nach Deutsch und Mathematik immer noch an Platz drei. Und nach allem, was man weiß, gehört Sport in allem Bundesländern zu den Fächern, die bis zum Abitur nicht abgewählt werden können.

Deshalb lässt sich begründet hoffen, auf der Suche nach der Bedeutung des Sports für die Bildung im Bereich des Sportunterrichts fündig zu werden.

Es ist schon angeklungen, dass die ganz großen Schulfächer – Deutsch, Mathematik und die Fremdsprachen – ihren Bildungswert für viele überzeugend damit absichern können, dass man das, was man in ihnen lernt, einfach für das Leben braucht, insbesondere für die Arbeits- und Berufswelt. Eine Brauchbarkeit dieser Art lässt sich für den Sportunterricht nicht reklamieren.

Wie also wird der schulische Sportunterricht begründet und wie wird er vor diesem Hintergrund konzipiert?

IV

Diese Frage wird in der Fachwissenschaft seit etlichen Jahren unter dem Stichwort der Legitimationsdebatte erörtert. Hierzu lassen sich nach einer prägnanten Systematik von Scherler (1995) inner- und außerschulische Begründungsmuster unterscheiden.

Innerschulische Legitimationen begreifen den Sportunterricht vor allem als einzigartigen Ausgleich gegenüber den anderen Fächern und den einseitigen Belastungen der Schüler. In einer Schule, die in erster Linie den Kopf fordert, die durch Reden und Zuhören, Lesen und Schreiben, also durch Stillsitzen und Aufnehmen charakterisiert ist, muss es auch das andere geben: Aktivität und Bewegung, körperliches Handeln und Austoben, damit sich die Schüler in ihr wohlfühlen können. „Action und Spaß", würden die Schülerinnen und Schüler vielleicht selbst dazu sagen (Kurz, 2001, S. 2). Pädagogen machen daraus: aktive Pausen, Ansprechen aller Sinne, dem Körper sein Recht geben und Verweisen darauf, dass solche innerschulische Kompensation auch wieder dem Lernerfolg in den anderen Fächern zu Gute kommt. In dieser Linie bewegen sich auch all jene Argumentationen, die sich vom Sportunterricht oder bewegungsaktiven Elementen in der Schule nicht nur einen Ausgleich, sondern sogar einen Schub für die kognitive Leistungsfähigkeit der Kinder und Jugendlichen erhoffen. Weil letztere Positionen neuerdings mit dem einen oder anderen Ergebnis aus der Gehirn- und Neuroforschung aufwarten können, finden sie in letzter Zeit besondere Beachtung.

Bei aller Sympathie für eine solche zurückhaltende und humane, schülerorientierte Begründung lässt sich allerdings kein eigenständiger, genuiner Bildungswert des Sportunterrichts erkennen.

Die beiden anderen Begründungsmuster reichen über die Schule hinaus. Non scholae, sed vitae. Scherler nennt sie *außerschulische* Begründungen und unterscheidet hier wiederum zwei Varianten, eine *innersportliche* und eine *außersportliche*.

Zunächst zur *innersportlichen Begründung*. Sport wird hier als ein Teilbereich der Kultur verstanden. Ein Teilbereich, der ebenso bedeutend in der modernen Gesellschaft ist wie Musik, Kunst und Literatur. Und in die Kultur in ihren vielfältigen Formen einzuführen, ist eine anerkannte Aufgabe der Schule. Ein Auftrag, der über ein funktionales Bildungsverständnis, wie ich es zuvor skizziert habe, deutlich hinausgeht, aber gleichzeitig – und das ist zu betonen – einen wesentlichen Kern sowohl in klassischen Bildungskonzepten als auch in moderner Auslegung darstellt.

Aktive Teilnahme an der Kultur und ihre Rezeption gehören in einem solchen Verständnis zu einem humanen, lebenswerten Leben. Viele Menschen sehen im Sport das Zentrum eines körperlich aktiven Lebensstils, empfinden Sport als einen wertvollen Bestandteil ihres Lebens, manchmal bis in das hohe Alter. Aber auch das will gelernt sein. Jede Kultur hat ihre Voraussetzungen und Elemente, ohne die sich an ihr nicht teilhaben lässt. Ob Literatur, Musik oder Kunst, an jeder kulturellen Variante entwickelt und stärkt sich das Interesse mit dem Können. Das alles gilt auch für den Sport, und in dieser Linie lässt sich auch der Sportunterricht begründen. Seine Aufgabe ist es dann, den Kindern und Jugendlichen die Kultur des Sports zu erschließen und ihre Kompetenzen im Sport so weit zu fördern, dass sie am Sport außerhalb der Schule, in Vereinen oder anderswo, teilnehmen und teilhaben können. Und dies hat nicht nur Bedeutung für den Sport der Kinder und Jugendlichen, also ihre Gegenwart, sondern auch für ihren Sport in der Zukunft als Erwachsene. Denn schulische Bildung ist generell nicht primär auf das gegenwärtige Leben der Schülerinnen und Schüler gerichtet ist, sondern auf ihre Zukunft als Erwachsene. Daher wird der Bildungswert des Sportunterrichts über Kulturerschließung und Teilhabe hinaus mit dem Ziel einer Motivation zum lebenslangen Sporttreiben versehen und so flankierend begründet.

Dieses Begründungsmuster hat sich vor allem in einem Modell des Sportunterrichts niedergeschlagen, das als Sportartenprogramm bezeichnet wird. Ich möchte es als traditionelles Modell des Sportunterrichts kennzeichnen, das den meisten Leserinnen und Lesern bekannt vorkommen dürfte – wenn nicht aus eigener Anschauung, so doch zumindest durch Berichte und Erzählungen von Kindern und Enkeln.

Im Mittelpunkt dieses Sportunterrichts stehen acht bekannte Sportarten: Die ersten vier umfassen die Individualsportarten Gerätturnen, Gymnastik/Tanz, Leichtathletik und Schwimmen, die anderen die Mannschaftssportarten Basketball, Fußball, Handball und Volleyball. Hinzu kommen, sofern noch Schulzeit verbleibt, je nach schulischen Möglichkeiten oder lokalen Traditionen weitere Sportarten wie etwa Rudern, Skilauf, Hockey, Badminton, Tennis usw. „Gegenüber neuen oder alternativen Formen der Bewegungskultur wie Trendsport und Tai Chi geht man eher auf Distanz" (Balz, 2009, S. 27). Der Unterricht konzentriert sich folgerichtig auf die Vermittlung der technischen und manchmal taktischen Elemente der jeweiligen Sportarten, begleitet von entsprechendem Fach- und Regelwissen. Soweit für das Lernen und Üben der sportlichen Fertigkeiten notwendig, soll auch die sportmotorische Leistungsfähigkeit entwickelt werden, also ein Training von Ausdauer, Beweglichkeit, Koordination, Kraft und Schnelligkeit erfolgen. Die Lehrerinnen und Lehrer folgen in ihren unterrichtlichen Arrangements der Logik der Sache: Sie geben Bewegungsanweisungen, stufen Lernprozesse in Gestalt methodischer Übungsreihen und korrigieren Fehler. Sie lassen die Schüler vor- und nachmachen, lernen, üben, zuweilen trainieren und wettkämpfen. Die Choreografie des Sportunterrichts folgt wie an Fäden gezogen dem bekannten Dreischritt des Vereinssports: Aufwärmen zu Beginn, Hauptteil mit Lern- und Übungs- oder Trainingsaufgaben, zum Schluss Anwendung in Spiel oder kleinem Wettkampf.

Die Sache des Sports selbst bildet hier also Ausgangs- wie Zielkoordinaten der pädagogischen Bemühungen. Es geht darum, das Können in ausgewählten Sportarten zu verbessern und das Interesse bei den Schülern so zu verankern, dass es auch über die Schulzeit hinausreicht. Nicht nur für die Freizeit im Anschluss an den Unterricht, sondern auch für die langen Jahre nach Beendigung der Schulkarriere. Für die Beurteilung werden die sportlichen Leistungen der Schüler herangezogen, zumeist im Vergleich zu den übrigen Schülern, manchmal mit Blick auf die individuellen Fortschritte des Könnens, und wenn man irgend kann oder es wirklich ernst wird wie im Abitur, zieht man Leistungstabellen ministerieller Herkunft heran.

Das Sportartenprogramm begründet und konzipiert Sportunterricht also als Erschließung der herrschenden, außerschulischen Kultur des Sports. Sie legt das weite Feld der Bewegungskultur allerdings einseitig als Sport*arten*kultur aus und reduziert dann nochmals deren große Breite auf einen engen Kanon vertrauter Sportarten. Verzichtet wird auf darüber hinaus
gehende pädagogische Ambitionen, wie etwa die Förderung der
Persönlichkeitsbildung. Es ist zwar nicht prinzipiell unmöglich,
dass ein Sportarten-Unterricht auch „persönlichkeitsbildend"
sein kann. Aber diese Facette von Bildung bleibt diffus und
vage im Hintergrund der Unterrichtsabsichten und des Unter-
richtsgeschehens. Es mag sich im Unterricht vieles jenseits des
sportlichen Lernens, Übens und Trainierens ereignen und manches mag durchaus erwünscht sein – aber es wird nicht Ziel,
Gegenstand oder Thema des Unterrichts.

Im Horizont von Bildung ist es allerdings nicht bedeutsam,
dass junge Menschen Kipp- oder Felgbewegungen, die Zonen-
deckung oder das Delfin-Schwimmen erlernen und wie weit sie
dabei vorankommen; Bildung erwächst aus diesen Lernprozes-
sen erst durch das, was Schüler in der Auseinandersetzung mit
diesen sportlichen Aufgaben über die Sache und sich selbst erfahren. Oder knapper und plakativer: Bildungsbedeutsam ist
nicht, *dass* und *wie* exzellent sie Gerätturnen, Basketball oder
Schwimmen lernen, sondern *was* sie *am* Gerätturnen, Basket-
ballspielen oder Schwimmen lernen. Und das, so lautet der zentrale Einwand, wird im Sportartenprogramm dem puren Zufall
überlassen.

Darüber hinaus erfordert Kulturerschließung auch die Entwicklung von Urteilskraft, ein Vermögen also, dass auf Befragung, Erörterung und Prüfung des Gegenstandes gerichtet ist. In
einem Unterricht nach dem Sportartenprogramm wird die Nähe
zum außerschulischen Sport gesucht und betont, auf Distanz
wird mehr oder weniger bewusst verzichtet. Ein distanzierendes,
fragendes oder gar prüfendes Verhältnis zum Sport kann daher
nicht in den Blick geraten. Es geht deshalb in diesem Modell
des Sportunterrichts nicht um eine reflektierende, vielleicht auch

kritische Auseinandersetzung mit dem Sport oder eine wie auch immer entfaltete Haltung. Es geht vielmehr um Anpassung an seine Anforderungen und Erwartungen; und das heißt auch: seine Beschränkungen und Zumutungen. Ob sich hieraus eine Motivation zu lebenslangem Sportreiben entfalten kann, darf angezweifelt werden, weil es eben nicht um eine errungene Haltung gegenüber dem Sport geht, eine Haltung, die vielleicht auch Widerstand überwinden hilft.

V

Zu den innersportlichen Begründungsmustern zählt zunächst auch das Konzept eines *mehrperspektivischen* Sportunterrichts, das eng mit dem Namen des Bielefelder Sportpädagogen Dietrich Kurz verbunden ist. Seine Grundzüge wurden Ende der 1970er Jahre entwickelt und gewannen im Zuge der Lehrplanentwicklungen rasch an Bedeutung. Ausgehend von den Curricula Nordrhein-Westfalens wurde die Konzeption wiederholt modifiziert und erweitert. Mittlerweile finden sich die Kernideen eines mehrperspektivischen Sportunterrichts in allen Bundesländern. In manchen Ländern sind in den Richtlinien konsequente, argumentativ tief verankerte und differenzierte Umsetzungen von Mehrperspektivität zu finden. In anderen curricularen Plänen belässt man es bei mehr oder weniger rhetorischen Lippenbekenntnissen, die nicht einmal programmatisch Wirkung entfalten. Lehrpläne mit solch schwachen, offenbar nicht wirklich ernst gemeinten mehrperspektivischen Bezügen finden sich mittlerweile nur noch in einer Handvoll Bundesländer, Baden-Württemberg gehört allerdings dazu.

Während das Sportartenprogramm von einem selbstverständlichen und zweifellosen pädagogischen Wert des Sports ausgeht, steht im mehrperspektivischen Sportunterricht seine Ambivalenz an zentraler Stelle der Argumentation. Also die Einsicht, dass Sport keineswegs nur positive Seiten hat, sondern auch negative, günstige wie ungünstige Wirkungen entfalten kann. Diese Ambivalenz des Sports findet sich nicht nur im großen, aus den Medien bekannten Sport, nein sie betrifft auch den

Freizeit- und Breitensport. Sport kann förderlich für die Gesundheit sein, in seinen Effekten auf das Herz-Kreislaufsystem, in orthopädischer Hinsicht oder sogar mit Blick auf die Psyche. Er kann aber auch falsch betrieben werden und zu gesundheitlichen Risiken und Schäden führen, infolge falscher Belastung, akuter oder chronischer Überlastung oder Unfällen. Er kann mit großer Anstrengungsbereitschaft verbunden sein, aber auch mit übertriebenem Ehrgeiz. Er kann auf einem achtsamen Umgang mit dem eigenen Körper gründen, aber auch auf gedankenloser Funktionalisierung. Er kann das Selbstbewusstsein stärken, aber auch in Geltungssucht und Größenwahn münden. Er kann helfen, soziale Kontakte anzubahnen und zu entwickeln, kann aber auch Feld sozialer Ausgrenzung sein, Freundschaft stiften, aber auch Zerwürfnisse begründen.

Neben der Ambivalenz des Sports stellt die Frage nach dem Sinn des Sports die zweite bedeutende Gedankenfigur im Konzept des mehrperspektivischen Sportunterrichts dar. Im Unterschied zu früheren Positionen wird davon ausgegangen, dass es den *einen* Sinn des Sports nicht gibt. Vor allem deshalb, weil ein wie auch immer geartetes „Wesen" des Sports nicht identifiziert werden kann. Deshalb *hat* Sport keinen Sinn, sondern er wird mit Sinn *belegt*. Er kann vielmehr mit mannigfachen Sinngebungen betrieben werden, Menschen erfahren Sport auf verschiedene Weise als sinnvoll und versehen ihren Sport mit unterschiedlichem Sinn.

Auch wenn der Begriff des Sinns in diesem Konzept bis heute etwas unscharf geblieben ist, lässt sich eine zweifache Verankerung zu erkennen: Sinn verweist einerseits auf die Orientierungen und Beweggründe des Individuums. Andererseits hebt er aber auch auf die Sache des Sports ab, auf die besonderen Möglichkeiten, das Erfahrungspotenzial sozusagen.

In einer, mittlerweile geradezu kanonisch gewordenen, Systematik, die unter anderem auf Befunde motivationspsychologischer Forschungen zurückgeht, identifiziert Kurz sechs Sinngebungen bzw. Sinnperspektiven. Sie lassen sich mit den Stichworten Eindruck, Ausdruck, Miteinander, Gesundheit, Spannung und Leistung beschreiben. Mit der Sinnperspektive *Eindruck* ist die Beobachtung verbunden, dass manche Menschen im Sport die besonderen Reize suchen, die mit den Bewegungen selbst oder den besonderen situativen Bedingungen einhergehen, etwa beim Tauchen, dem Trampolin springen oder dem Skilauf, aber auch Naturerlebnisse beim Wandern. Die Perspektive *Ausdruck* verweist darauf, dass man sportliche Bewegungen im Hinblick auf ihre Ästhetik und Schönheit oder ihre besondere Perfektion präsentieren und sich selbst über Bewegung ausdrücken kann. Beispielhaft wird dies etwa im Eiskunstlauf und der rhythmischen Sportgymnastik deutlich, aber auch in Akrobatik, Jonglage oder Bewegungstheater. Die Sinngebung *Miteinander* verweist darauf, dass sich im Sport besondere Möglichkeiten des sozialen Kontakts und des Beisammensein mit anderen eröffnen. Diese Erfahrungen sozialen Miteinanders können direkt mit den sportlichen Aktivitäten verbunden sein, aber auch zeitlich darum herumliegen. Klassisch wird in diesem Zusammenhang auf die Kooperation in Sportspielen verwiesen oder auf helfende und sichernde Momente im Turnen und Rettungsschwimmen. Unter *Spannung* werden sportliche Situationen und Bewegungsanlässe subsummiert, deren Herausforderungen mit der Bewältigung eines gewissen Risikos bzw. Wagnisses verbunden sind oder mit einem außergewöhnlichen Maß an Überwindung einhergehen. Als Beispiele können das Klettern oder das Wasserspringen genannt werden. Die Sinnperspektive *Gesundheit* speist sich aus Erwartungen, im Sport einen körperlichen Ausgleich zu finden, sich einer möglichst umfassenden körperlichen Beanspruchung zu stellen, die Wohlbefinden und Fitness positiv beeinflusst. Wir können also vor allem an Ausdauerbelastungen etwa beim Walking, Laufen, Radfahren und Schwimmen denken, aber auch an Entspannungstechniken und gymnastische Varianten. Und schließlich suchen Menschen im Sport nach Möglichkeiten, in denen sie ihre Fähigkeiten und Grenzen erfahren, in denen sie ihre Leistungsfähigkeit erproben und zeigen können. Die Sinngebung *Leistung* bildet für viele das zentrale Moment sportlicher Aktivitäten in engerer Auslegung, also in den normierten Sportarten, wie wir sie aus dem wettkampforientierten Vereinssport kennen. Genuines Anliegen des mehrperspektivischen Sportunterrichts ist es, den Schülern substanzielle Erfahrungen dieser Vielfalt der Sinnperspektiven zu eröffnen und zu vermitteln. Die Gegenstände des Sportunterrichts sollen ausdrücklich nicht nur sportlich ausgelegt, in engem sportlichem Sinn zum Thema werden, sondern unter allen verschiedenen, gleichberechtigten Perspektiven. Das bedeutet, die Sinnperspektiven nicht nur zu erfahren, sondern die Erfahrungen, ihre Voraussetzungen und Ausprägungen auch zu beschreiben und auszutauschen, zu deuten und zu beurteilen, zu beraten und zu erörtern. Erst dann kann man davon ausgehen, dass die Schüler eine neue und erweiterte Perspektive auf Bewegung und Sport gewonnen haben. *Und* eine neue Perspektive auf sich selbst. Sportunterricht ist so gesehen also nicht nur körperlich-motorisches Lernen, sondern auch Kopfsache.

Letztlich geht es im mehrperspektivischen Sportunterricht um die Entwicklung, Entfaltung und Förderung von *Handlungsfähigkeit*, Handlungsfähigkeit im und gegenüber dem Sport. Darunter verstehe ich ein Fähigkeitsbündel, mit der Sinnvielfalt und der Ambivalenz des Sports in größtmöglicher Selbstständigkeit verantwortlich umzugehen. Das bedeutet: „aus Erfahrung (und ihrer Reflexion) zu wissen, welchen unterschiedlichen Sinn es haben kann, im Sport aktiv zu sein, und in Abwägung dieses Wissens sein Leben einrichten zu können" (Kurz, 2008, S. 163). Gelingt es einem mehrperspektivischen Sportunterricht eine solche Handlungsfähigkeit anzubahnen, sind die Schüler in der Lage, nach dem Ende der Schulzeit kompetent und selbständig zu entscheiden, „welcher Sport ihnen liegt und welchen Platz der Sport in ihrem Leben einnehmen soll" (Kurz, 2001, S.3). Handlungsfähigkeit ist also mit Selbstbestimmungs-, Verantwortungs-, Urteils- und Kritikfähigkeit verbunden. Eine eigene Antwort auf die Frage zu finden, was fange ich an mit dem, was ich weiß, was ich kann, was ich soll und was ich will, das kann man dann mit Fug und Recht Bildung nennen.

Literatur

Balz, E. (2009). *Fachdidaktische Konzepte update oder: Woran soll sich der Sportunterricht orientieren? Sportpädagogik 33* (1), 25-32.

Baumert, J. (2003). *Transparenz und Verantwortung.* In N. Kilius, J. Kluge & L. Reisch (Hrsg.), *Die Bildung der Zukunft* (S. 213-228). Frankfurt/M.: Suhrkamp.

Kolb, M (2011). *Hauptsache Gesundheitsbildung? – Ein Essay zum Bildungspotenzial von Prävention und Gesundheitsförderung.* In M. Krüger & N. Neuber (Hrsg.), *Bildung im Sport. Beiträge zu einer zeitgemäßen Bildungsdebatte* (S. 299-314). Wiesbaden: VS.

Kurz, D. (2001). *Schulsport am Scheideweg.* Vortrag am 7.12.2001 an der Humboldt -Universität zu Berlin.

Kurz, D. (2008). *Von der Vielfalt sportlichen Sinns zu den pädagogischen Perspektiven im Schulsport.* In D. Kuhlmann & E. Balz (Hrsg.). *Sportpädagogik. Ein Arbeitstextbuch* (S. 162-172). Hamburg: Feldhaus.

Kurz, D. (2009). *Vom Sinn des Sports im Sportunterricht.* Abschiedsvorlesung am 27.01.2009 an der Universität Bielefeld. http://www.netzwerk-sportjugend.de/userdata/2009/07/d_kurz_vom_sinn_des_sports.pdf.

Messner, R. (2003). *PISA und Allgemeinbildung. Zeitschrift für Pädagogik 49* (3), S. 400-412.

PISA Konsortium Deutschland (Hrsg.) (2006). *PISA 06. Die Ergebnisse der dritten internationalen Vergleichsstudie.* Münster: Waxmann.

Rauschenbach, Th. (2003). *Im Schatten der formalen Bildung. Alltagsbildung als Schlüsselfrage der Zukunft. Diskurs Kindheits- und Jugendforschung 2* (4), S. 439-453.

Scherler, K. (1995). *Sport unterrichten – Anspruch und Wirklichkeit.* In A. Zeuner, G. Senf & S. Hofmann (Hrsg.),

Sport unterrichten – Anspruch und Wirklichkeit (S. 7-18).
St. Augustin: Academia.

ULRIKE SPITZ

Sport ist ... Fairplay – oder nicht

Ich habe in den vergangenen Tagen in meinem Bekanntenkreis ein wenig herumgefragt, was den Menschen so einfällt zum Thema „Fairplay – oder nicht". Vielen fiel spontan das viel diskutierte Tor von Bayer Leverkusen in Hoffenheim ein.

Sie erinnern sich vielleicht: Der Ball war im Tor, aber er hatte den falschen Weg genommen. Nicht den korrekten über die Torlinie, sondern den von außen durch ein Loch im Tornetz.

Die große Frage bei diesem Tor war nun: Hat Stefan Kießling, der Torschütze, das wirklich gesehen oder nicht? Ich maße mir hier nicht an, das zu beurteilen. Ich kann das nicht beurteilen, das kann nur er selbst. Er selbst sagte, er habe es nicht richtig gesehen.

Eins steht aber fest. Hätte er es genau gesehen und bei der Befragung des Schiedsrichters dennoch nichts gesagt, dann wäre das sicherlich nicht im Sinne von Fairplay. Aber ich will hier nicht richten, vor allem nicht über einen einzelnen Spieler, der dort unten in kürzester Zeit allein eine weitreichende Entscheidung treffen muss. Denn dort unten waren ja auch noch andere Spieler, andere Menschen, die alle etwas gesehen haben – oder nicht.

Dieses Beispiel ist aus zwei Gründen interessant. Erstens haben es eben viele in Erinnerung, es ist Fußball, die populärste Sportart hierzulande, und zweitens zeigt es, wie kompliziert das mit dem Fairplay manchmal sein kann.

Was ist eigentlich Fairplay?

Fairplay beinhaltet mindestens die Einhaltung der Regeln im Sport. Aber es ist noch viel mehr. Fairplay heißt Respekt vor dem Mitspieler. Das kann man Kindern vermitteln und vorleben, denn das heißt auch, andere mitspielen zu lassen, auch wenn sie nicht so gut sind, andere anzuspielen, auch wenn die Gefahr besteht, dass sie gleich den Ball wieder verlieren. Fairplay heißt Respekt vor dem Gegner, auch verbal. Fairplay heißt Anerkennung der Leistung anderer. Fairplay heißt aber auch, das beste zu geben, um das Spiel zu gewinnen, wenn es gewonnen werden kann – das ist ein wichtiger Punkt, wenn man eines der drängendsten Probleme der Gegenwart und der Zukunft des Sports nimmt, das Match-Fixing, oder übersetzt, die Sportmanipulation.

Optimalerweise sollte für Fairplay gelten: Sportliche Fairness wird über den persönlichen Erfolg oder auch, und da wird es noch schwieriger, über den Erfolg der Mannschaft gestellt.

Miroslav Klose hat das getan. Der frühere deutsche Nationalspieler bei der Befragung auf dem Platz durch den Schiedsrichter zugegeben, dass bei seinem 1:0 von Lazio Rom gegen Neapel die Hand mit im Spiel gewesen war. Das ist ein gutes Beispiel, um Fairplay zu erklären, weil es ein entscheidendes Tor war und Kloses Mannschaft letztlich das Spiel mit 0:3 verlor. Wäre Rom mit diesem Tor in Führung gegangen, wäre vielleicht das ganze Spiel anders gelaufen. Wenn ich mit 5:0 führe, ist es nicht mehr so schwer, fair zu sein und zuzugeben, dass der Ball nicht über der Linie oder dass es kein Elfmeter war. Klose wurde viel gelobt für diese Aktion, er bekam zwei Fairness-Preise, einen von der Nationalmannschaft und einen vom SSC Neapel, dem Gegner, der hat sich natürlich gefreut. In einer Welt, die komplett in Ordnung ist, sollte Kloses Handeln aber eigentlich das Normale sein.

Das ist es aber nicht, denn wir leben ja in der realen und nicht in einer utopischen Welt. Und in der funktioniert eben nicht alles richtig, auch nicht das Fairplay. Ich möchte Ihnen aber heute auch gerne darstellen, dass es nicht allein die Schuld der Sportler ist, wenn Fairplay nicht richtig funktioniert.

Vor mehr als zehn Jahren hat der Sportsoziologe Gunter A. Pilz die „Einstellung zum Fair Play von C- und B-Jugend-Bezirksligaspielern"[1] untersucht. Das Ergebnis fiel schon damals ernüchternd aus – ich vermute, es könnte jetzt ähnlich ausfallen.

Pilz' Erkenntnisse kurz zusammengefasst: Je länger ein Kind Fußball spielt, desto mehr versteht es unter Fairness, dass Regelverletzungen bis zu einem gewissen Grad tolerierbar sind. „Fairness ist, einen Gegner nicht ohne Grund foulen", hat einer der Jungen gesagt. Und ein anderer: „Fair ist, fair zu spielen und wenn es sein muss, zu foulen."

Der verstorbene Kabarettist Dieter Hildebrandt hat es noch schöner auf den Punkt gebracht. Er sagte: „Fair Play bedeutet, das Foul so versteckt zu machen, dass der Schiedsrichter es nicht sieht."

Das klingt sarkastisch, aber der Satz hat mehr als einen wahren Kern. Übersetzt heißt das: Es herrscht eine gewisse Kultur im Sport, die das Fairplay untergräbt. Nehmen Sie allein den Begriff des taktischen Fouls. Manche nennen es auch das „faire Foul". Wenn man ein bisschen überlegt, kommt man schnell zur Erkenntnis, dass der Ausdruck grotesk ist – es gibt kein faires Foul, Foul ist Foul. Das taktische Foul ist trotzdem in den Alltag eingezogen. Es wird als völlig normal eingestuft, als legitimes taktisches Mittel. Der Begriff „taktisches Foul" verharmlost, dass krass gegen das Fairplay verstoßen wird, indem die Regel absichtlich umgangen wird. Das ist die Kultur des Untergrabens, die ich meine – aber nicht allein der Sportler hat das zu verantworten, in der Regel sind andere (Verein, Trainer, Betreuer) Vermittler dieser Moral des „fairen Fouls".

Ein Sportler hat die Situation einmal so geschildert:

---

[1] Prof. Dr. Gunter A. Pilz, *Fußball und Fair Play – Einstellungen zum Fair Play und Fairnessverhalten von C- und B-Jugend-Bezirksligaspielern und die Bedeutung der Trainer in der Fairnesserziehung*, Universität Hannover, Institut für Sportwissenschaft Auswertung Fair Play Cup 2000, (Kurzfassung), Nienhagen, 08.04.01

Ich muss in einer Situation ganz schnell entscheiden, ist das nun fair, was ich tue, oder ist es doof, wenn mein Verein wegen meiner fairen Geste vielleicht absteigen muss?

Das ist die Realität, in der sich der Sportler bewegt.

Das gilt nicht nur auf dem Fußballplatz, sondern auch, oder sogar noch mehr, in anderen Bereichen. Nehmen wir eine der größten Gefährdungen des modernen Sports: Doping. Doping ist einer der gravierendsten Verstöße gegen das Fairplay. Es ist gegen die Regel, es ist gegen die Chancengleichheit, es ist gegen alles, was Sport ausmacht.

Denken wir an Jan Ullrich. Er hat all seine großen Erfolge erwiesenermaßen mit medikamentöser Hilfe erzielt. War Jan Ullrich unfair? Ja, natürlich ist das unfair, über Jahre zu dopen, klar gegen die Regeln zu verstoßen, zu lügen und zu betrügen. Aber wir müssen auch die Frage stellen: In welchem Umfeld hat er das getan?

Jan Ullrich hat noch immer nicht komplett ausgepackt, auf das endgültige Geständnis warten wir noch, aber er hat immer gesagt: „Ich habe keinen betrogen." Wenn er es auf seine Mitkonkurrenten bezieht, muss man dem sogar zustimmen; nach heutigem Wissen waren die anderen ja auch gedopt. Wenn man das auf sein Team bezieht, wird es schon schwieriger. Hat er sein Team betrogen? Das Team, der Sponsor, der unglaublich von seinen Erfolgen profitiert hat? Die gleiche Frage wurde in einem Strafprozess gegen den Radprofi Stefan Schumacher gestellt. Es ging darum, ob er sich seine Prämien dadurch erschwindelt hat, dass er seine Leistung mithilfe von Doping erbrachte. Der Sportler hat den Prozess gewonnen, weil nicht ausgeschlossen werden konnte, dass der Teamchef über die Dopingpraxis Bescheid wusste und damit indirekt eine Art Einverständnis signalisierte. Ich möchte damit jetzt nicht sagen, dass die Sportler nur arme Opfer waren, natürlich haben die Sportler gedopt, aber sie waren eben auch nicht die alleinigen Täter.

Betrogen wurde trotzdem. Ich kenne viele Fans, die aus persönlicher Enttäuschung über das Doping im Radsport der Tour de France den Rücken gekehrt haben. Nennen Sie das blauäugig

– aber es gibt Menschen, die wirklich geglaubt haben, dass Jan Ullrich seine Siege sauber eingefahren hat. Und die waren später bitter enttäuscht.

Trotzdem müssen wir noch einmal auf das Umfeld blicken: Rolf Järmann, ein Ex-Radprofi aus der Schweiz, einer der wenigen, der Doping zugegeben hat, ohne dass es ihm nachgewiesen wurde, hat seine Situation folgendermaßen geschildert: Er sei jahrelang sauber gefahren, er sei immer gegen Doping gewesen, er habe das nicht gewollt. Irgendwann reichte aber die Leistung nicht mehr, er kam nicht mehr mit, und er wurde mehr oder weniger von seinem Rennstall aufgefordert, etwas zu tun. Es war schnell klar, was mit „etwas tun" gemeint war: Mitspielen und schlucken oder spritzen. Rolf Järmann blieben genau zwei Möglichkeiten: Mitmachen oder ganz aufhören mit dem Sport.

Er hat sich fürs Mitmachen entschieden, er war jung, er wollte Rad fahren, er hatte eine Familie zu ernähren, er hat also mitgemacht, und zwar in aller Konsequenz. Er hat weiter den Saubermann gespielt, ihm hat man auch weiterhin geglaubt. Er spielte das gut, er wusste, wie es geht, er war ja jahrelang sauber gefahren. Järmann? Der dopt nicht, das war die allgemeingültige Wahrheit, auch unter Journalisten.

Er hatte einmal ein Schweizer Fernsehteam bei sich zu Hause zu einem Interview zu Gast, und nach dem Interview fragte der Redakteur, ob er denn auch mal in den Kühlschrank sehen und das auch filmen dürfe. Im Kühlschrank wird in der Regel das Blutdopingmittel Epo aufbewahrt, weil es nur gekühlt haltbar ist. Järmann öffnete sofort seinen Kühlschrank. Das Filmteam nahm auch die verschlossenen Joghurtbecher auf, in denen das Epo lagerte. Järmann hat sich eins gegrinst, aber ihm war nicht wohl dabei. Nicht wegen der Gefahr der Entdeckung. Er sagt, er habe sich nie gut gefühlt bei all den Lügen und den Täuschungen. Er hat dann auch irgendwann mit dem Fahren aufgehört und tatsächlich reinen Tisch gemacht.

Ich frage also: Wer ist unfair? Allein der Sportler? Nein. In diesem Fall bewegt er sich in einem ganz und gar unfairen System.

In Sonntagsreden beschwören gerade Sportfunktionäre oder Politiker immer gerne die Werte des Sports für die Gesellschaft, und ganz speziell das Fairplay. Verstehen Sie mich richtig – ich halte den Sport für wertvoll, ich brauche Ihnen hier nicht alle Vorzüge aufzuzählen. Ich habe selbst viel gelernt aus meiner Zeit als Leistungssportlerin, zum Beispiel das Verlieren zu akzeptieren und nach dem Verlieren wieder aufzustehen. Aber was ich meine, ist: Es reicht nicht, Fairplay nur mit Worten zu propagieren. Fairplay ist eine Haltung. Fairplay muss gelebt werden. Und zwar nicht nur auf dem Platz, sondern auch sozusagen neben dem Platz.

In der Realität ist es zwar eher so, dass hauptsächlich auf den Platz geschaut wird beim Thema Fairplay. In der Realität steht jedoch immer der Sportler im Mittelpunkt, wenn etwas schief läuft. Natürlich ist es auch der Sportler, der sich für das Foul entscheidet, wenn der gegnerische Spieler allein aufs Tor zuläuft und er ihn nicht mehr anders stoppen kann. Aber man kann sich schon denken, wie er sich in dieser Situation entscheidet, wenn er schon im Training eingetrichtert bekommen hat, dass Fußball kein Hallenhalma ist und dass man ruhig auch mal treten kann. Der Sportler ist es natürlich auch, der das Dopingmittel schluckt oder sich spritzen lässt. Doch beim Spritzen haben wir schon einen zweiten Verantwortlichen, den Arzt. Aber der ist meist feiner raus als der Sportler, der erwischt wird. Der Sportler bekommt die Strafe, er wird geächtet, er muss Prämien zurückzahlen – die Ärzte, die am Doping beteiligt waren, sind bislang viel besser weggekommen. Meine Hoffnung ist, dass sich das in Zukunft noch ändert. Und denken Sie nur an Rolf Järmann zurück, den Schweizer Radprofi, der sich – wie übrigens viele Radfahrer – dem System eben einfach irgendwann ergeben hat. Ich halte das übrigens für absolut glaubhaft, was Rolf Järmann erzählt.

Der Sportler ist sicher nicht alleine verantwortlich. Trotzdem zielen die meisten Maßnahmen zur Bekämpfung der Missstände ausschließlich auf den Sportler ab. Die meisten Präventionsprogramme, und noch mehr die restriktiven Maßnahmen, also die

Strafen. Es ist ja auch richtig, den Sportler auszubilden, ihn über die Gefahren aufzuklären, ihn zu informieren und auch, ihn in die Verantwortung zu nehmen.

Im Bereich Doping ist das ziemlich extrem. Die besten deutschen Sportler unterziehen sich einem Doping-Kontrollprogramm, das nun wirklich kein reines Vergnügen ist. Übrigens nicht nur die deutschen Sportler, sondern auch Sportler vieler anderer Länder. Das Kontrollsystem ist zwar weltweit noch nicht von gleicher Qualität, aber es gibt viele Länder, in denen ebenso intensiv kontrolliert wird wie bei uns.

Sportler müssen zum Beispiel, damit sie jederzeit unangekündigt kontrolliert werden können, ihre Aufenthaltsorte in einem elektronischen System drei Monate im Voraus melden. Sie geben also alles an, was sie so geplant haben, Trainingslager und ähnliches. Denn Kontrollen müssen ja auch geplant werden, und es ist schwierig, einen Kontrolleur z. B. aktuell nach Südafrika zu schicken, wenn er heute erfährt, dass der Sportler ab morgen dort trainiert. Dann hat der Sportler täglich alles zu aktualisieren. Wird er nicht dort angetroffen, wo er laut System sein sollte, riskiert er eine Verwarnung; und nach drei Verwarnungen wird er für zwei Jahre gesperrt.

Unangekündigte Kontrollen müssen deshalb sein, weil die meisten Dopingmittel relativ schnell im Körper abgebaut werden und nicht mehr nachweisbar sind, obwohl sie noch leistungssteigernd wirken. Sportler geben bei den Kontrollen Urin und/oder Blut ab. Und wenn ich an die Urinkontrollen denke, das macht auch keinen Spaß – die finden unter schärfster Sichtkontrolle statt. Weil einige Sportler in der Vergangenheit schon mit mitgebrachtem oder vorher eingeführtem Fremdurin Proben manipuliert haben, ist der Kontrolleur verpflichtet, genauestens hinzusehen.

Aber die Sportler machen das alles mit, weil sie nur dadurch irgendetwas tun können, um sich vor dem Generalverdacht zu schützen. Denn der herrscht ja allerorten vor. Wie oft höre ich: Die sind doch alle gedopt. Stellen Sie sich das mal vor, Sie trainieren, geben ihre gesamte Freizeit dafür her, Sie lieben ihren

Sport, Sie quälen sich, Sie dopen nicht – und werden dann mit diesem Satz konfrontiert. Ist das fair?

Ich habe einmal einen völlig frustrierten jungen Radfahrer in einer Präventionsveranstaltung erlebt. Wir haben ihn gefragt, was denn los sei, und er sage, er habe eigentlich keine Lust mehr auf Sport. Er trainiere mit dem Rad und erlebe immer wieder, dass Passanten ihm Dinge zurufen wie: Na, du alter Doper? Wo hast du den dein Epo versteckt? Ich frage: Ist das fair?

Neben den Kontrollen ist die Prävention natürlich wichtig. Junge Sportler werden über die Regeln und die Folgen von Doping aufgeklärt, ebenso werden Trainer und Eltern informiert. Viel zu wenig werden allerdings immer noch die Verhältnisse beachtet, unter denen die Gefahr des Dopings steigt. Wenn z. B. Qualifikationsnormen so hoch angesetzt sind, dass sie ohne Doping kaum erreichbar sind. Wenn nur Medaillen zählen und schon der Viertplatzierte abfällig als Verlierer eingestuft wird. Und so weiter .... Aber daran etwas zu ändern, ist natürlich schwer – wir sind ja auch im Leistungssport; aber wichtig wäre eben: nicht um jeden Preis.

Doping ist also ein gravierender Verstoß gegen die Fairness und eine Bedrohung für den Sport. In den vergangenen Jahren ist dem Sport darüber hinaus noch ein Problem erwachsen, das vielleicht noch bedrohlicher ist: Die Manipulationen von Sportergebnissen. Das ist höchst unfair – und das ist jedem klar. Wenn das Ergebnis von vornherein feststeht, wird dem Sport jeglicher Sinn genommen. Dennoch wurde dieses Problem lange unterschätzt, und wird es teilweise heute noch. Lange wurde lieber weggeschaut. Erst nach und nach wurde in den vergangenen Jahren klar, welches Ausmaß diese Bedrohung bereits besitzt. In Deutschland ist man beim Fall des Schiedsrichters Robert Hoyzer vor einigen Jahren aufgewacht. Sie erinnern sich: Hoyzer hatte Wettschulden und hat zahlreiche Spiele manipuliert. Davor war es, trotz des Bundesliga-Skandals der 70er Jahre, für viele nicht vorstellbar, dass in Deutschland Spiele manipuliert werden könnten.

Dass das Problem immer drängender wird, hat mit dem stark wachsenden Geschäft der Sportwetten zu tun. Organisierte Verbrecher-Ringe verdienen damit Unsummen von Geld. Und wenn man weiß, dass mittlerweile weltweit pro Jahr rund 500 Milliarden Euro durch Sportwetten umgesetzt werden – und zwar zu einem großen Teil illegal und übers Internet, ist schnell klar, dass diese Bedrohung nur ganz schwer in Griff zu bekommen ist. Das ist natürlich nicht Aufgabe des Sports, das kann er gar nicht leisten. Allein auf diese Position hat er sich aber viel zu lange zurückgezogen. Mittlerweile ist im Sport angekommen, dass ihn diese Sache ernsthaft bedroht, und dass er auch in der Pflicht ist: Denn es braucht immer mindestens einen Beteiligten aus dem Sport, um ein Spiel zu manipulieren, Schiedsrichter, Spieler, Offizieller – ohne Insider hat das organisierte Verbrechen keinen Zugriff auf den Sport.

Zum Glück hat man das mittlerweile erkannt. Im Bereich Spielmanipulation und Wettbetrug werden bereits gute Präventionsprogramme umgesetzt, nicht nur in Deutschland. Vor allem junge Spieler sind das Ziel. Von der Regelkenntnis – z. B. dass es verboten ist, auf den eigenen Verein zu wetten, dass es gefährlich ist, Insider-Informationen aus den Mannschaftssitzungen weiterzugeben – bis zu den Suchtgefahren wird alles diskutiert, was für einen Spieler wichtig ist. Die Deutsche Fußball-Liga (DFL) und der Deutsche Fußball-Bund (DFB) haben darüber hinaus einen unabhängigen Ombudsmann installiert, an den sich jeder bei Problemen wenden kann, auch anonym. Mit diesen Programmen, das kann ich für Deutschland sagen, werden zurzeit vor allem die Vereine der beiden oberen Ligen mit all ihren Jugendmannschaften erreicht. Das ist ein guter Anfang, aber es ist noch ein weiter Weg, wenn auch die Basis erreicht werden soll.

Sie glauben, dieses Thema hat mit der Basis nichts zu tun? Oh doch. Sportwetten sind für illegale Anbieter vor allem in jenen Ligen interessant, die nicht so im Blickpunkt stehen. Wo keine Kameras sind. Wo die Spieler wenig verdienen und womöglich monatelang auf ihr Gehalt warten und dadurch leichter ansprechbar sind. In Deutschland geht das mit den Sportwetten bis in die dritte, vierte Liga hinunter mit Begegnungen, von denen man glaubt, dass kein Mensch sie kennt. Das ist das eine. Und das andere ist eben wieder jene Kultur, die auch schon an der Basis herrscht.

Ich habe in letzter Zeit ab und zu mit Spielern oder früheren Spielern aus unteren Ligen gesprochen, und die haben mir das bestätigt, was ich Ihnen jetzt über die so genannte Nachbarschaftshilfe erzähle. Wenn der Nachbarverein im Abstiegsstrudel steckt und man selbst gesichert im Mittelfeld steht, nach vorne geht nichts mehr, hinten passiert nichts mehr. Fährt man nicht lieber ins Nachbardorf zum Kicken als eine dreiviertel Stunde an den Rand des Kreisgebiets? Und wenn dann noch der Nachbarverein zwei Kasten Bier in die Kabine stellt? Spielt man halt ein bisschen weniger enthusiastisch, damit das richtige Ergebnis zustande kommt. Ist das fair? Nein – das ist alles andere als fair. Fragen Sie mal den betroffenen Verein, der dann absteigen muss. Aber es wird augenzwinkernd geduldet, ja, es wird gar nicht wahrgenommen, dass das unfair ist.

Auch um das Fairplay auf dem Platz zu fördern, wird natürlich einiges getan, leider nicht flächendeckend. Ob Fairplay funktioniert, hängt sehr stark vom Engagement einzelner ab – von einzelnen Trainern oder auch von einzelnen Vereinen. Aber es gibt schöne Initiativen wie Fairplay-Wettbewerbe, in denen z. B. für Nachwuchsteams attraktive Preise ausgelobt werden, wenn sie sich auf dem Platz vorbildlich verhalten. Das geht genau in die richtige Richtung. Es ist wichtig, dass auch Fairplay belohnt wird und nicht nur der Erfolg um jeden Preis. Das hilft, das Bewusstsein zu verändern. Im Grunde geht es um die Abwägung von Kosten und Nutzen von Fairplay. Und zwar auf allen Ebenen, nicht nur im Profibereich.

Gunter Pilz zitiert in seiner Studie einen 14-Jährigen:

> Ich finde alles fair, was für mich von Vorteil ist. Unfairness gehört zum Geschäft. Ich werde lieber unfair Meister als fair Letzter.

Es wäre sicher interessant zu wissen, wie der junge Mann in seinem Verein eigentlich ausgebildet worden ist und von wem. Es klingt jedenfalls nicht gut.

Präventionsprogramme für die Sportler und möglichst auch für sein enges Umfeld, wie ich sie eben beschrieben habe, sind ein wichtiger Teil, um der Fairness im Sport eine Chance zu geben. Aber es reicht nicht. Unfaires Verhalten ist nun einmal oft in strukturellen Bedingungen und Systemzwängen begründet. Nehmen Sie das Beispiel Doping im Radsport, das mittlerweile viele überführte Sportler beschrieben haben. Der Radsport wird übrigens hier so oft genannt, weil durch die vielen Geständnisse der vergangenen Jahre sehr viel darüber bekannt ist. Gedopt wird natürlich auch in anderen Sportarten, durchaus auch systematisch.

Gelingt es nicht, neben den ganzen Programmen für die Athleten auch die Bedingungen unfairen Verhaltens zu ändern, bleibt das Fairplay eine leere Worthülse. Oder, und das ist auch nicht Sinn der Sache, es wird etwas eigentlich Normales zu etwas ganz Besonderem hochstilisiert. Wenn sich zum Beispiel jemand in einer vielleicht umstrittenen Situation an die Regeln hält, und das aus irgendeinem Grund öffentlich wird. So werden oft Fairplay-Preise vergeben. Oft tut man sich nämlich schwer, jemanden für so einen Preis zu finden – und dann wird eine Aktion, die doch eigentlich normal sein sollte, völlig überhöht. Das lenkt dann wiederum ab von der Realität. In der Realität werden eher diejenigen belohnt, die die Regeln kreativ umgehen – und damit Erfolg haben, größeren Erfolg, als wenn sie sich an die Regeln gehalten hätten. Dann sind wir wieder bei der Frage: Ist einer, der sich zu einem Regelverstoß bekennt, doof oder fair?

Mit der Auseinandersetzung der Verhältnisse, die das Fairplay erschweren oder die Unfairness begünstigen, tut sich der Sport aber generell sehr schwer. Da sind den meisten Verantwortlichen die Lippenbekenntnisse lieber, sie müssen sich dann nicht weiter um das kümmern, was sie sagen, und sehen dabei gut aus, die Last der Umsetzung liegt ja schließlich wieder beim Athleten.

Fangen wir mal ganz oben an und sagen es umgangsdeutsch: Oft stinkt der Fisch vom Kopf her. Das heißt: Fairplay muss auch für die Führungsebene im Sport gelten, wenn es an der Basis ankommen soll. Sie hat schließlich eine ganz besondere Verantwortung. Bei diesem Thema kommt man fast gar nicht um ein Beispiel herum: den Fußball-Weltverband FIFA, dessen Spitze in den vergangenen Jahren fast ständig mit Korruptionsvorwürfen konfrontiert wurde. Ich will hier gar nicht näher auf Schmiergeldvorwürfe oder undurchschaubare Vergaben von Weltmeisterschaften eingehen.

Nur so viel: Fairplay beginnt nicht erst an der Strafrechtsgrenze. Die FIFA-Spitze hat sich zuletzt, z. B. im Frühjahr 2013 in einem ihrer Skandale wieder einmal durch einen formaljuristischen Befreiungsschlag aus den Schlagzeilen winden können, mit Hilfe von größtenteils selbst ernannten Ethikkommissionen. Das war schon, ich sage mal, ziemlich zweifelhaft. Aber brechen wir das jetzt mal auf die Basis herunter. Wie soll denn die FIFA Spielmanipulation erfolgreich bekämpfen, wenn sie den eigenen Laden nicht aufgeräumt bekommt? Und wie soll ein Spieler einsehen, dass er auf dem Platz eine Entscheidung gegen seinen persönlichen Vorteil treffen soll, wenn das ganz oben auch nicht funktioniert?

Der Sport müsste sich mehr von durchaus positiven Entwicklungen in der Wirtschaft zum Thema Good Governance, also verantwortungsvolle Geschäftsführung, abschauen. Also transparente, effiziente Strukturen mit wirklich demokratischen Entscheidungswegen schaffen. Noch einmal: Fairplay muss auch für die Führungsebene und deren Arbeit gelten, und zwar nicht nur als Bestandteil von schönen Reden. War das zum Beispiel fair, als einige Funktionäre nach der Abstimmung gegen die Olympiakandidatur in München und Bayern tief enttäuscht die Menschen fast beschimpften, sie hätten ja keinen Mumm und keine Ahnung, welche Chancen sie verpasst hatten? Wäre es nicht besser und fairer gewesen, sich mal selbst zu fragen, ob man vielleicht auch etwas falsch gemacht hat? Ich will hier darauf auch nicht näher eingehen, aber es wurde durchaus einiges falsch gemacht. Und es haben sich danach einige, nicht alle, als ganz schlechte Verlierer erwiesen.

Fairplay muss gelebt werden, und zwar auf allen Ebenen, es muss vorgelebt werden. Damit der Sportler auf dem Platz das Bewusstsein bekommt, dass er es sich erlauben kann, fair zu sein. Das ist nämlich der Punkt. Es ist erwiesen, dass der Einfluss des Umfelds auf junge Sportler groß ist. Zum Beispiel den der Trainer. Leben Trainer Fairplay vor und achten auf die Einhaltung, wirkt sich das positiv auf die Sportler aus. Hinter den Trainern wiederum stehen Vorgesetzte oder Funktionäre, die sie einstellen oder entlassen oder ihr Gehalt erhöhen oder auch nicht. Leben sie Fairplay vor, fällt es auch den Trainern leichter. Und da gibt es ja auch noch ein weiteres Umfeld: Eltern, Sponsoren, Medien, Publikum. Was haben die mit Fairplay zu tun?

Viel. Ein Beispiel aus dem Bereich Doping. Vor einigen Jahren war das erlaubte Muskelaufbaumittel Kreatin in aller Munde; Sprinter haben es genommen und von zunächst positiven Wirkungen, später aber auch mehr und mehr von Muskelverhärtungen erzählt. Ich habe damals in einem sehr kritischen Zeitungsartikel über Kreatin und seine negativen Begleiterscheinungen berichtet und vor der Einnahme gewarnt. Am nächsten Tag rief mich die Mutter einer 15-jährigen Schwimmerin an und fragte mich, wo man das bekommen kann. Ich erlaube mir zu sagen, dass diese Schwimmerin höchst dopinggefährdet ist. Gewünscht hätte man sich, dass die Mutter ihrer Tochter vielleicht den Artikel zeigt und sagt: Nimm das bloß nicht, das tut dir nicht gut, du brauchst das nicht, du bist auch so gut. So viel zum Thema Eltern.

Zu den Medien. Auch da wäre es schön, wenn nicht nur sonntags über Fairness-Preise berichtet und im Alltag geschrieben wird, dass einer „nur" zweiter geworden ist. Denken Sie nur an den Freiburger Fußball-Torhüter Oliver Baumann, der unlängst einen rabenschwarzen Tag erwischte und drei Tore verschuldet hatte. Ich habe tags darauf vom „Slapstick-Torhüter", vom „Pannen-Torwart" und vom „Pannen-Olli" gelesen, da war viel Respektloses dabei. Natürlich, und das ist hier wichtig zu erwähnen, sind Medien nicht gleich Medien. Und in vielen Medien werden Sportler, auch in der Kritik, fair behandelt. Der „Slapstick-Torhüter" stand allerdings in einer seriösen Zeitung.

Anders und besser haben es in diesem Fall die SC-Fans gemacht, die Baumann trotz seiner Patzer nach dem Spiel mit Sprechchören feierten – er dankte es ihnen postwendend, hielt eine Woche später in Nürnberg perfekt und war der Garant für den Sieg. Dieses Fan-Verhalten ist nicht unbedingt die Regel – oft genug wird ein Spieler nach einer schlechten Aktion gnadenlos ausgepfiffen, manchmal auch, weil er vielleicht zum falschen Verein gewechselt hat.

Und sollten wir nicht alle nachdenken, wenn wir zu Hause auf der Couch vor dem Fernseher sitzen und sagen: „Oh Mann, kommt der denn wieder mal nicht voran?" Unfaire Reaktionen kommen oft von mitleidenden, selbst enttäuschten und traurigen Fans. Auch das ist die Realität, in der der Sportler aber fair bleiben soll. Ist das realistisch? Ist das noch modern?

Komplett sauberer Sport ist utopisch. Komplett fairer Sport auch. Es wird immer Verstöße geben, es wird immer Doping geben, immer Spielmanipulation, es wird immer Verfehlungen geben. Aber Regeln haben auch dann ihren Sinn und ihre Berechtigung, wenn gegen sie verstoßen wird, das ist wie im richtigen Leben. Doch es lohnt sich, am Fairplay festzuhalten und daran zu arbeiten. Es ist sogar viel mehr, es ist zwingend notwendig. Fairplay ist die Grundlage des Sports. Auch heute, bei aller Professionalisierung und Kommerzialisierung. Wenn das Ergebnis manipuliert wird, verliert der Sport seinen Sinn. Wenn Doping erlaubt ist und Monster gegen Monster kämpft, wird er nicht mehr ernst genommen. Wenn nur noch getrickst wird, wenn Regeln nicht beachtet werden, um schneller ans Ziel zu kommen, verliert er seinen Reiz. Zum Sport braucht man Mitspieler und Gegner, Sieger und Besiegte. Wenn der Respekt vor anderen verloren geht, verliert der Sport seine besondere Stellung. Kurz: Ohne Fairplay geht der Sport kaputt. Und das ist doch das, was wir alle nicht wollen.

MICHAEL MEYEN

Sport ist ... ein Medienereignis

1. Einleitung: Lieber Sympathie als Medaillen gewinnen?

Der Titel dieses Vortrags ist dem Format der Reihe geschuldet und den Wünschen des Veranstalters. Wenn Sie nachher nach Hause joggen oder noch ins Pilatesstudio gehen, dann wird darüber morgen höchstwahrscheinlich nicht einmal das Heidelberger Lokalblatt berichten. Mein Thema ist der Spitzensport als Fernsehereignis. Ich werde zeigen, dass die Massenmedien und hier vor allem die kommerziellen TV-Sender den Spitzensport in Deutschland seit den 1980er Jahren nach ihrem Bilde geformt haben. Als These formuliert: Der Spitzensport als Teil des sozialen Funktionssystem Sport hat sich an die Handlungslogik des Mediensystems angepasst, um die Leistungen erbringen zu können, die vor allem im Wirtschafts- und im Politiksystem nachgefragt werden und die dafür sorgen, dass es in Deutschland überhaupt Spitzensport gibt. Auf dem Volleyballfeld, im Modernen Fünfkampf oder auf dem Fußballplatz geht es immer noch um Sieg und Niederlage (das ist der Code des sozialen Funktionssystems Sport), aber wo und wann gespielt und gekämpft wird, nach welchen Regeln dies geschieht und wer mitmachen darf, wird heute nach den Erfordernissen des Fernsehens entschieden.

Wer in Retrosendungen Fußballschlachten der Vergangenheit sieht, wird sofort wissen, was gemeint ist: Während die Helden von einst fast so aussehen wie Sie und ich, etwas zu viel Bauch, die Frisur nicht immer perfekt, laufen heute gestylte und bis auf den letzten Muskel austrainierte Models auf den Platz. Man

kann sogar bezweifeln, dass es dort tatsächlich noch um Sieg
und Niederlage geht. Oliver Kahn, der wie kaum ein Zweiter für
das Gewinnen-Wollen steht, hat zwei Protagonisten der aktuellen Spielergeneration, Philipp Lahm und Bastian Schweinstei-
ger, 2011 vorgeworfen, das Image sei ihnen wichtiger als der
Erfolg auf dem Platz. Dass das keineswegs eine Einzelstimme
aus dem Schmollwinkel der Vergangenheit ist, hat gerade Oliver
Bierhoff bestätigt, Manager der deutschen Fußballnational-
mannschaft. Im Umfeld des Testspiels gegen England am 19.
November 2013 sagte Bierhoff, wenn das Team schön spiele
und sympathisch rüberkomme, sei das finanziell lukrativer als
jeder WM-Titel. Schön und sympathisch: Mit Sport hat dies nur
noch am Rande zu tun.

Oliver Bierhoff muss die Nationalmannschaft an Sponsoren
und Werbepartner verkaufen. Mit Joachim Löw sitzt ein Trainer
auf der Bank, den man verkaufen kann. Man erinnere sich an
Helmut Schön (Weltmeister 1974), an Jupp Derwall (Europameister 1980), an Berti Vogts (Europameister 1996) – an Trainer, die gemessen an den Kriterien des sozialen Funktionssystems Sport sehr erfolgreich waren. Fotos und alte Fernsehbilder
zeigen sie im Trainingsanzug, als stille Arbeiter, nicht sehr elo-
quent. Glaubt man dem, was das westdeutsche Fernsehen vom
WM-Finale 1974 gezeigt hat (BRD vs. Niederlande 2:1), dann
saß Helmut Schön während des Spiels die ganze Zeit auf der
Bank. Nicht einmal nach den beiden Toren der eigenen Mannschaft sieht man ihn rufen oder gestikulieren. Das Zeitalter der
Fernsehtrainer beginnt in Deutschland erst mit Erich Ribbeck,
der schon 1992 beim FC Bayern München eher als Medien-
fachmann eingestellt wurde. Karl-Heinz Rummenigge sagte sei-
nerzeit, die Mannschaft sei gut genug. „Herr fürs Feine" stand
dann über dem Artikel im Nachrichtenmagazin *Der Spiegel*, als
Ribbeck sechs Jahre später Nationaltrainer wurde und den „Me-
dienmuffel" Vogts ablöste (Nr. 42/1998, S. 298). Uli Stielike,
nicht in irgendeinem Hollywood-Verdacht, solle die Arbeit auf
dem Platz erledigen und der neue Teamchef die Journalisten be-
sänftigen.

Public-Relations-Mann Ribbeck buhlt um Verständnis und Zeit. Er dient als Schutzschild für den Ingenieur Uli Stielike, der die Mängel wegtrainieren und die deutsche Elf wieder auf Augenhöhe mit den Weltbesten bringen soll.

Trainerdiskussionen drehen sich heute immer auch um das öffentliche Auftreten. Schauen Sie bei den nächsten Spielen einfach in die Coaching Zone (auch eine Erfindung für das Fernsehen): immer weniger Stielikes, immer mehr Ribbecks.

Nicht nur das Personal ist kameratauglich geworden, sondern auch das Stadion und das, was auf dem Platz passiert. Auch hier hilft ein Blick auf alte Spiele. „Fußball total" sagten die Zeitgenossen zu dem, was die Niederlande mit Johan Cruyff und Johan Neeskens spielten. Im Finale von 1974 konnte Helmut Schön auch deshalb ruhig sitzen bleiben, weil dieser totale Fußball ein ziemlich langsames Ballgeschiebe war. Kein Tempo, kaum Sprints, kein Pressing. Das Finale von 1986, in dem Deutschland gegen Argentinien und Diego Maradona verloren hat (2:3), wirkt aus dem Rückblick wie ein Bolzplatzkick: ein elendes Gestocher, viele Fouls, von Eleganz keine Spur, trotz Maradona. Irgendwie purzelt der Ball fünfmal ins Tor.

Dass man heute für gewöhnliche Punktspiele in der Allianz Arena nur mit Glück oder Beziehungen Tickets bekommt (selbst für Pokalheimspiele gegen Zweitligisten) und dass die Fußball-Bundesliga auch in anderen Orten im Zentrum der Gesellschaft angekommen ist, war in den 1980er Jahren kaum vorstellbar. In die Stadien kamen damals selten mehr als 20.000 Zuschauer, es gab eine öffentliche Debatte um Schmutz, Gewalt und Angst, und Städte wie Stuttgart investierten im Geist der Individualisierung sowie unter dem Eindruck der Erfolge von Boris Becker und Steffi Graf in Einzelsportarten wie Leichtathletik oder Tennis (vgl. Havemann 2013). Dies änderte sich ab 1988: Die Übertragungsrechte für die Fußball-Bundesliga wurden zunächst an RTL verkauft (*Anpfiff*) und 1992 dann an SAT.1 (*ran*). Der Journalist und Fußballchronist Roland Reng (2013, S. 465) hat geschrieben, dass die Millionen aus dem kommerziellen Fernsehen „über eine Strecke von 20 Jahren den Fußball" geschaffen

hätten, den das Medium „propagierte, den es brauchte: tempo-
reich, dynamisch, in seiner Spitze spektakulär, stylish".

These dieses Vortrags ist erstens, dass dies nicht nur für das
Geschehen auf dem Rasen gilt, sondern auch für alle anderen
Ebenen des Fußballs, und dass zweitens alle anderen Sportarten
ebenfalls von diesen Veränderungen betroffen sind – mit Auswirkungen bis in den Breitensport und in die Talentesichtung.
Einige Sportarten (zum Beispiel der Moderne Fünfkampf) sind
in diesem Prozess vollkommen neu erfunden worden und so eigentlich gar nicht mehr erkennbar (Abschnitte 3 bis 5). Ich
stütze mich dabei auf eine Studie zur Medialisierung des Fußballs, die ich mit einer Gruppe von elf Masterstudenten am
Institut für Kommunikationswissenschaft und Medienforschung
der Universität München von April 2011 bis September 2012
durchgeführt habe. Die Vielfalt an Quellen, die für diese Studie
ausgewertet wurden, kann ich hier nur andeuten: Autobiografien
von Sportlern, Trainern und Funktionären (ein wachsender
Markt), die Regelwerke natürlich, Internetquellen und vor allem
Experteninterviews. Außerdem kann ich aus der Dissertation
von Stephanie Heinecke (2014) schöpfen, die am gleichen
Institut mit Hilfe ganz ähnlicher Quellen Regeln und Rhythmen
in sechs Sportarten verglichen hat. Zunächst wird aber in Ab-
schnitt 2 das Konzept der Medialisierung skizziert – die theoretische Basis beider Untersuchungen.

2. Medialisierung, Sport und die Handlungslogik der Massenmedien

Die gerade illustrierten Veränderungen im Profifußball werden
in diesem Vortrag als langfristige Medienwirkungen zweiter
Ordnung interpretiert – als Reaktionen von individuellen und
kollektiven Akteuren auf die Ausdifferenzierung eines Mediensystems, das nach einer eigenen Handlungslogik arbeitet. Während die traditionelle Wirkungsforschung in der Kommunikationswissenschaft die Folgen von (direkten oder indirekten) Me-
dienkontakten untersucht und dabei vor allem kurzfristige Veränderungen auf individueller Ebene im Blick hat (Wissen, Mei-

nungen, Einstellungen, Gefühle und Verhalten; vgl. Schenk 2007), stützt sich diese Interpretation auf eine Voraussetzung (ein ausdifferenziertes Mediensystem) und zwei Annahmen: Menschen wissen erstens um solche Medienwirkungen erster Ordnung und passen deshalb zweitens ihre Strategien an die Handlungslogik der Massenmedien an (Mikroebene), schichten Ressourcen um (Mesoebene) oder verändern die Programme von sozialen Funktionssystemen (Makroebene).

Solche Reaktionen auf die Handlungslogik des Mediensystems sind in allen sozialen Funktionssystemen denkbar – auch in der Wissenschaft, wenn etwa eine Universität bei der Suche nach einem neuen Präsidenten meint, dass gute Presse wichtig sei und die Kandidaten deshalb nach dem Prinzip Erich Ribbeck sortiert. Dass Menschen an die Wirkung von Medienangeboten glauben, hat die Forschung in der Kommunikationswissenschaft vielfach nachgewiesen – auch und gerade für Entscheidungsträger (vgl. Huck/Brosius 2007, Schenk 2007). Anders sind zum Beispiele Rücktritte von Politikern nach Skandalisierungen gar nicht erklärbar: Der betroffene Minister oder Parteifunktionär nimmt an, dass Zuschauer und Leser den Medientenor übernehmen, und gibt unter dem (wahrgenommenen) Druck der veröffentlichten Meinung auf. Unter den Begriff Medialisierung fallen bei mir auch alle Versuche, solche negativen Folgen von Medienberichten zu vermeiden (im Zweifel auch: die entsprechenden Medienberichte selbst). Medialisierung ist hier eine Form sozialen Wandels, die durch Massenmedien ausgelöst wird – genauer: durch die Annahme, dass Massenmedien wirken.

Theoretische Basis ist der Ansatz der Akteur-Struktur-Dynamiken von Uwe Schimank (1988a, 2010). Bei Schimank hat jeder Akteur (auch der Sportler) erstens bestimmte Interessen, verfügt zweitens über Ressourcen, diese Interessen durchzusetzen, und entwickelt dafür drittens Strategien, die sich auf sein Wissen („Akteurfiktionen") über die Interessen und Ressourcen anderer Akteure beziehen. Zu dieser Theorie gehört, dass Akteure nicht in einem Vakuum handeln. Schon wenn sich zwei

Akteure gegenseitig beeinflussen, spricht Schimank von Akteurskonstellationen, in denen jeder Akteur versucht, seine eigenen Interessen durchzusetzen. Der Handlungsrahmen reicht dabei von der Beobachtung über Beeinflussungsversuche bis hin zu Verhandlungen.

Während Handlungstheorien Schwierigkeiten haben, Interessen von Akteuren zu benennen (Was will der Sportler eigentlich: gewinnen, berühmt werden, aus dem Elternhaus fliehen, einen Partner finden?), führt Schimank hier die Systemtheorie ein. Der binäre Code und die Programme, nach denen soziale Funktionssysteme arbeiten, bieten dem Akteur Orientierung (‚Was will ich?‘) und erlauben ihm, sowohl Akteurskonstellationen zu bewerten (‚Was wollen die anderen und welche Macht haben sie, ihre Ziele umzusetzen?‘) als auch (auf der Programmebene) Referenzen zu Umweltsystemen zu integrieren. Schimank (1988a, S. 631) geht davon aus, dass unser Wissen über Codes und Programme eine Voraussetzung für Handeln ist, und konzeptualisiert dieses Wissen als abstrakte Fiktionen von konkreten Situationen, die wir beobachtet haben.

Abbildung 1 fasst diese Argumentation zusammen. Im Zentrum stehen (individuelle und kollektive) Akteure, deren Interessen durch den Code und die Programme des sozialen Funktionssystems bestimmt werden, in dem sie gerade handeln. Diese Akteure verfügen über Ressourcen, die Interessen umzusetzen, und entwickeln dafür Strategien, die davon abhängen, wie sie die Interessen und die Macht anderer Akteure einschätzen. Auf dieser Basis wird der Medialisierungsbegriff nachvollziehbar: Akteure im sozialen Funktionssystem Sport nehmen die Massenmedien als mächtigen Akteur wahr und passen deshalb ihre Strategien an die Handlungslogik dieses Systems an (Mikroebene), schichten Ressourcen um (Mesoebene) oder verändern die Programme (Makroebene).

Abb. 1: Erwartungs- und Deutungsstrukturen (Schimank 1988a, 2010), Quelle: eigene Darstellung

Soziales Funktionssystem: Orientierungsrahmen für Handlungen

1. Binärer Code (Medien: Information/Nicht-Information (Luhmann 1996), Wissenschaft: wahr/falsch, Sport: gewinnen/verlieren usw.)
2. Programme (im Sport: Regeln, Wettbewerbe, Rhythmen (Spielpläne), Ethik, Orte)

Akteurfiktionen	**Akteure (individuell + kollektiv)**
Logik anderer	Interessen: Was will ich?
Funktionssysteme	Ressourcen
Macht (Ressourcen)	Strategien: Was wollen die
anderer Akteure	anderen?

Der Glaube an die Macht der Massenmedien ist seit den 1980er Jahren erheblich stärker geworden. Heute scheint nichts mehr ohne öffentliche Zustimmung zu gehen: kein Koalitionsvertrag, kein Bauvorhaben, kein Spielertransfer. Dieser Machtgewinn der Massenmedien lässt sich mit den Veränderungen innerhalb dieses Systems begründen. Durch die Zulassung kommerzieller Rundfunkanbieter und die Zunahme der Akteure, die damit so- wie mit dem Siegeszug des Internet verbunden ist, haben sich die Massenmedien aus der Umklammerung der Politik gelöst und folgen heute einer eigenen (meist kommerziellen) Hand- lungslogik.

Dass die Veränderungen in anderen sozialen Funktionssys- temen, die damit einhergehen, hier am Beispiel Sport demons- triert werden, hat (abgesehen vom Thema der Vorlesungsreihe) einen einfachen Grund: Leistungssport ist stärker von der Prä- senz in den Massenmedien abhängig als Recht, Kunst, Wissen- schaft oder Religion (vgl. Schimank 1988b). Spitzensport braucht eine Infrastruktur, Steuererleichterungen oder einfach

Geld (vgl. Havemann 2013). Politik und Wirtschaft investieren in den Leistungssport, weil sie von seiner öffentlichen Sichtbarkeit profitieren wollen. Emotionen, Vorbilder, Imagetransfer: Alles, was der Sport liefern kann, hängt an positiver Resonanz in den Massenmedien. Wenn heute undenkbar ist, dass sich Angela Merkel mit Jan Ullrich zeigt, galt dies bei Helmut Kohl beispielsweise für Mario Basler. Politik und Wirtschaft haben dabei nicht nur im Sport die freie Auswahl, sondern auch in anderen sozialen Funktionssystemen: Sie können genauso gut in die Kunst investieren oder in die Wissenschaft. Das Interesse von Sportlern, Trainern und Funktionären ergibt sich aus dieser Akteurskonstellation fast von selbst: möglichst umfangreiche und möglichst positive Berichte in den Massenmedien. Wegen der Abhängigkeit von öffentlicher Aufmerksamkeit und Legitimation ist plausibel, dass die Sportakteure ihr Verhalten und ihren Sport auf allen genannten Ebenen verändert haben, um dieses Ziel zu erreichen.

Dieser Prozess lässt sich in Deutschland besonders gut nachzeichnen, weil sich hier die Konstruktion des Sports in den Massenmedien ab Ende der 1980er Jahre erheblich verändert hat. Um dies nur am Beispiel Fußball zu illustrieren: Wenn man die Handlungslogik eines nationalen Systems Massenmedien zu einem gegebenen Zeitpunkt wie Landerer (2013, S. 243-245) auf einem Kontinuum zwischen einem normativen und einem kommerziellen Pol verortet, dann hat der Verkauf der Bundesligaübertragungsrechte an RTL und vor allem an Sat.1 die Gewichte verschoben und zu einer „Revolution im Sportfernsehen" geführt (Havemann 2013, S. 431). Auch wenn der Trend zur Boulevardisierung älter ist, war das Verhältnis zwischen Journalisten auf der einen und Fußballern, Trainern und Vereinsfunktionären auf der anderen Seite vorher schon deshalb angespannt, weil die öffentlich-rechtlichen TV-Veranstalter den Anspruch aufrecht erhielten, Spiele und Spieler zu kritisieren (Havemann 2013, S. 428). Das Privatfernsehen machte aus dem Sport eine Show (Reng 2013, S. 378) und schuf eine Unterhaltungsmaschine, die von Stars lebt, immer neue Jahrhundertspiele erfindet und bei Großereignissen andere Themen längst aussticht sowie in alle Ressorts hineinwuchert.

Was hier für das Beispiel Fußball beschrieben wurde, ist auch sonst zu beobachten: Die Handlungslogik des Mediensystems hat sich in Deutschland (in der Terminologie von Landerer 2013) in Richtung des kommerziellen Pols verschoben. Massenmedien sind Wirtschaftsunternehmen, die versuchen, die Zahl ihrer Kunden zu maximieren. Möglichst allgemeine Aufmerksamkeit: Darum geht es. Wir alle wissen, wie wir am besten zu packen sind: mit Übertreibungen und Zuspitzungen, mit Exklusivgeschichten, Superlativen und Dingen, die es so zuvor nie gegeben hat. Eine Frau als Verteidigungsministerin: Mehr brauchte es nicht, um die Diskussion über das neue Merkel-Kabinett von allem abzulenken, was der Bundeskanzlerin hätte unangenehm werden können. Massenmedien präsentieren uns die Welt originell, einfach und übersichtlich, am besten als Fortsetzungsgeschichte. Ich sage das hier, weil die Massenmedien nicht über den Leistungssport berichten müssen. Niemand kann sie dazu zwingen, nicht einmal Ursula von der Leyen. Um in das Fernsehen und in die Presse zu kommen, muss der Leistungssport etwas bieten, was möglichst breite Aufmerksamkeit garantiert. Im Fernsehen zum Beispiel wollen wir Menschen sehen (möglichst schöne Menschen), es soll spannend sein, dynamisch und ästhetisch ansprechend, wir wollen mitfiebern können. Der Leistungssport konkurriert hier mit Hollywoodfilmen, mit Serien, mit Shows und Talks – mit Angeboten, die auf der Fernbedienung nur einen Klick entfernt sind. Deshalb (das ist die These dieses Vortrags) hat sich der Leistungssport auf allen Ebenen an die Handlungslogik der Massenmedien angepasst und hier vor allem an die Anforderungen, die wir Zuschauer an gutes Fernsehen stellen.

3. Medialisierung des Spitzensports I: Regeln und Rhythmen

Eine Veränderung fällt jedem Sportfan sofort ins Auge: Der Spitzensport passt Rhythmen und Spielpläne an die Wünsche des Fernsehens an. Die Sieger werden ermittelt, wann es den TV-Programmplanern am besten passt. Auch hier dürfte das Beispiel Fußball am geläufigsten sein. Am allerersten Bundesligaspieltag 1963 konnte die *Sportschau* keine Bilder zeigen, da die Spiele erst um 17 Uhr angepfiffen wurden. Bestimmte im Premierenjahr das Sonnenlicht, wann es losging (Reng 2013, S. 57), und dann bis Mitte der 1980er Jahre die Tradition (Samstag, 15.30 Uhr, vgl. Havemann 2013), regiert heute das Fernsehen, allen Protesten der Anhänger zum Trotz. In der Saison 2013/14 gibt es in der Bundesliga fünf Anstoßzeiten. Spanien ist hier noch weiter gegangen: In der Primera Division haben alle Spiele eine eigene Anstoßzeit (keine Parallelspiele). Diesen Trend kann man auch in den europäischen Wettbewerben beobachten. Wurde hier bis Mitte der 1980er Jahre fast ausschließlich mittwochs gespielt, läuft heute auch dienstags und donnerstags europäischer Vereinsfußball im TV. Das Finale der Champions League wird seit 2010 an einem Samstag ausgetragen. Der neueste UEFA-Beschluss für EM-Qualifikationsspiele der Nationalmannschaften: „gedehnte" Spieltage von Dienstag bis Donnerstag, um so an drei Abenden in der Woche jeweils ein „Topspiel" präsentieren zu können. Die von RTL teuer erworbenen Übertragungsrechte haben so an Wert gewonnen.

Dass mit dem Fernsehen geplant wird, welches Spiel wann stattfindet, liegt beim Blick auf die Rechtepreise nahe. Für die Fußball-Bundesliga waren das 1964 „nur" 640.000 Mark und selbst Mitte der 1980er Jahre noch nicht mehr als zehn Mio. Mark (was heute etwa dem Jahresgehalt von Franck Ribery in Euro entspricht). 2013/14 lag der Rechtepreis bei 560 Mio. Euro. Auch bei anderen Quotenrennern (zum Beispiel Biathlon) folgt die Planung den TV-Wünschen. Rand- und Exotensportarten wie Badminton, Dressurreiten oder Moderner Fünfkampf müssen in ihren Wettkampfkalendern Rücksicht auf Großereignisse in Mediensportarten und hier vor allem im Fußball nehmen, weil sie sonst weder Sendezeit bekommen noch überhaupt Kameras vor Ort haben. Zum Teil bezahlen Sportverbände auch Übertragungen, weil sie so leichter Sponsoren anlocken (vgl. Heinecke 2014).

Fußball konnte auch deshalb Fernsehkönig werden oder bleiben, weil die FIFA die Regeln permanent geändert und das Spiel so für den Bildschirm noch attraktiver gemacht hat. Auch wenn der Kern nicht angetastet worden sein mag (22 Spieler, zwei Tore, 90 Minuten ohne Auszeiten, vgl. Dohle et al. 2009), belegt Abbildung 2, dass die Anpassungen vor allem auf Dramatik und Dynamik zielen. Der Weltverband hat versucht, das Geschehen auf dem Platz spannender zu machen und so weit wie möglich zu beschleunigen, um den Kampf gegen die Fernbedienung zu gewinnen. Dass dabei nicht jede Idee funktioniert hat, zeigen die Beispiele Golden und Silver Goal sowie die Zeitstrafen, mit denen vor 30 Jahren experimentiert wurde. Die Spalten Narrativität und Personalisierung in Abbildung 2 täuschen etwas, da Doppelzuordnungen vermieden wurden. Die Coachingzone etwa erlaubt Trainerkameras (Visualisierung) und so auch personalisierte Geschichten. Durch die Regelmacht der FIFA haben viele dieser Änderungen Auswirkungen bis in die F-Jugend.

Abbildung 2: Regelanpassungen der FIFA (Auswahl)

TV-Merkmal	Regelanpassung	Einführung / Periode
Drama	Auswärtstorregel (UEFA-Wettbewerbe)	1969
		1970
	Elfmeterschießen	1983
	Rot: brutale Fouls	1990
	Rot: Verhinderung klarer Torchancen	1991
		1996-2002
	Rot: Tor mit der Hand verhindern	2002-2004
	Golden Goal	1983 (Versuch; nur Deutschland)
	Silver Goal	
	Zeitstrafe (10 min)	
Dynamik	Tausch von zu schweren Bällen	1960
	keine Blockade des Abschlags	1975
	Abseits neu: nur noch aktiv	1978, 1990 (gleiche Höhe)
	Torwart und Ball	1982 (4 Schritte), 1997 (6 s)
	Gelb: übertriebener Torjubel	1984, 2004 (Trikotausziehen)
	Nachspielzeit	1987
	Rückpassregel	1992 (Rückpass), 2000 (Einwurf)
	Halbzeitpause höchstens 15 min	
	keine Behandlung auf dem Platz	1995
	Abseits: im Zweifel für den Stürmer	1996
		1996
	mehr Bälle und mehr Balljungen	1996
	Tor direkt nach dem Anstoß	1997
	Gelb: Spielverzögerung jeder Art	2006
Visualisierung	Rote und gelbe Karten	1970
	Gelb-rote Karte	1990
	Zonen für Trainer und Offizielle	1993
	Linien vor dem Anstoß sichtbar	1999
	Werbung nur auf Trikots	2003
Ästhetik	Spucken wird bestraft	1980, 1991: auch Versuche
	keine offenen Wunden	1991
	Rot für Fouls von hinten	1998
	Rot: Anstößiges, Unsportliches	2000
	Teamsocken in der gleichen Farbe	2009
Narrativität	Auswechslungen	1967 (1), 1969 (2), 1995 (3)
Personalisierung	Nummern auch auf den Hosen	1974
	Spielernamen auf dem Trikot	1992

Die Folgen lassen sich mit Hilfe der Übertragungen von den WM-Finals studieren. Alf Ramsey und Helmut Schön waren 1966 überhaupt nicht im Bild und Rinus Michels 1974 lediglich einmal. Schön wurde nun mehrmals gezeigt – wie gesagt stets ruhig auf der Bank sitzend, selbst nach Toren. Ähnliches gilt 1986 für Franz Beckenbauer und Carlos Bilardo. 2002 und 2010 tanzen die Trainer dagegen am Rand, rufen, reden auf Einwechselspieler ein und begrüßen die Ausgewechselten – alles für die Fans daheim. Die Spieler haben zwar ähnlich schnell gelernt (2002 und 2010 wird nach Toren eine Minute gejubelt und damit doppelt so lange wie 1966 und 1974; es beteiligen sich jetzt fast alle Spieler, und die Argentinier laufen schon 1986 stets zur Eckfahne, wo eine Kamera steht), die FIFA hat die Regeln aber sofort geändert, um die Dynamik zu erhalten, Werbeinteressen zu schützen und Personalisierung einzudämmen (Trikotausziehen, 2004 verboten). Offenbar liefert das Spiel schon an sich genug Stoff für personalisierte Geschichten.

Auch wenn die Änderungsliste in Abbildung 2 lang ist: Andere Sportarten haben sich weit stärker an die Anforderungen des Fernsehens angepasst als der Fußball. Beachvolleyball, um ein Beispiel herauszugreifen, das geradezu für das Fernsehen erfunden worden zu sein scheint (eine Sportart, die nach den Olympischen Sommerspielen von 1984 in Los Angeles populär wurde und dem großen Bruder Volleyball, olympisch seit 1964, schnell den Rang abgelaufen hat), ist heute nicht mehr mit dem vergleichbar, was in den späten 1980er Jahren unter diesem Namen veranstaltet wurde (vgl. Heinecke 2014). Im Handbuch des Weltverbandes für die wichtigsten Turniere von 2012 ist der Fernsehbezug klar erkennbar: Es geht um mehr Drama, um mehr Spannung und damit letztlich um bessere Vermarktungsmöglichkeiten durch spektakuläre TV-Bilder. Dies beginnt bei den Anforderungen, die Veranstalter erfüllen müssen. Von der Platzierung für Kameras und Werbung bis zum Ort selbst ist hier alles klar geregelt. Ziel sind attraktive Kulissen – junge Leute in Partystimmung, in den Alpen, in Stadtzentren oder wie bei den Sommerspielen 2012 in einem Stadion auf der Horse Guards Parade in London.

Die Liste mit Regeländerungen in Abbildung 3 ist unvollständig, die Punkte, die dort stehen, sind aber leicht mit den Kriterien für gutes Fernsehen in Verbindung zu bringen. Größere Bälle mit weniger Innendruck fliegen langsamer und sind so auf dem Bildschirm besser zu sehen – erst recht, wenn sie bunt sind. Wenn der Sand etwas tiefer ist, sind die Spieler nicht ganz so schnell und können auch nicht ganz so hoch springen. Genau wie ein etwas kleineres Feld sorgt das für längere Ballwechsel und damit für mehr Dramatik als Spiele, bei denen jeder Aufschlag unerreichbar in der Ecke landet. Wenn nach jedem Aufschlag ein Punkt vergeben wird (und nicht wie früher nur bei durchgebrachten Aufschlägen), ist die Spieldauer besser planbar (wichtig für die Sendezeit-Fenster), und die Verkürzung des Entscheidungssatzes auf 15 Punkte sorgt dafür, dass die Übertragung schneller da ankommt, wo die Zuschauer sie haben wollen: auf dem Grat zwischen Sieg und Niederlage. In der Öffentlichkeit ist viel über die Kleidung der Beachvolleyballerinnen diskutiert worden, aber wenig über das Coaching-Verbot. Die Kameras müssen sich dadurch auf die Spieler konzentrieren (man erinnere sich an die wunderbaren Bilder, die Jonas Reckermann und Julius Brink in London geliefert haben) und können ungestraft auf den Po zoomen, weil dort die nächste Angriffsvariante angezeigt wird.

Abbildung 3: Regeländerungen im Beachvolleyball (Auswahl)

1992	Bälle bunt; Linien breiter (von 5 auf 8 cm), Coaching-Verbot
1996	Sandboden tiefer (von 30 auf 40 cm)
1996	Ball-Druck kleiner, 1998: Umfang größer (jetzt: 66 bis 68 cm)
2002	Feld wird verkleinert (vorher: 9x18 m; jetzt: 8x16 m)
2002	Rallypoint-System; „best of three" (3. Satz: 15 Punkte)
2012	Bekleidungsalternativen

4. Medialisierung des Spitzensports II: Stadien und PR-Arbeit

Moderne Fußballarenen haben nichts mehr mit dem antiken Vorbild zu tun. Die Olympiastadien in Berlin und München oder das Parkstadion in Gelsenkirchen waren (sind) noch sehr traditionell: weit und nach oben offen, mit einer Laufbahn um das Feld, ohne steile Tribünen. Das Dach in München schützt nur ein Drittel der Sitze und hat eher künstlerischen Wert. Die Tempel, die für die Weltmeisterschaft 2006 gebaut wurden, erinnern dagegen an überdimensionale Fernsehstudios. Profifußball ist heute nicht nur und schon gar nicht in erster Linie ein Freilufteereignis, sondern ein Fixpunkt im TV-Programm. Gute Übertragungen benötigen Gesänge und zufriedene Anhänger, möglichst nah am Geschehen. Im Münchener Olympiastadion konnte man nass werden, und manchmal wehte der Wind alle Geräusche in Richtung Alpen. Die Allianz Arena ist ein Gegenentwurf. Um den Unterschied nur mit einer Zahl zu verdeutlichen: Während manche Fans im Olympiastadion 125 Meter vom Platz entfernt saßen, liegt das Maximum im Neubau bei 52 Metern. In Dortmund kann man ganz vorn fast mitspielen (sechs Meter Abstand).

Dass man diese (zufriedenen) Zuschauer tatsächlich vorzeigen kann, liegt auch an einem Service, der nichts mehr mit den Zuständen aus den 1980er Jahren zu tun hat. Der Historiker Nils Havemann (2013, S. 235) hat diesen Wandel auch auf die damaligen Medienberichte über Ausschreitungen und Rowdytum zurückgeführt. Die Vereine hätten mit neuen Stadionordnungen und Fanprojekten reagieren müssen, da das subjektive Bedrohungsgefühl der Zuschauer zugenommen habe. Heute ist das ‚Produkt Stadion' bis zum Nahverkehr perfektioniert und bietet nicht nur Versorgung und Unterhaltung für jeden Geldbeutel, sondern auch Raum für Gruppenerlebnisse und soziale Distinktion. Auch Journalisten und Kameramänner finden hier optimale Arbeitsbedingungen. Das Flutlicht wirft keine Schatten mehr, das Gras sorgt für optimalen Bildkontrast, und es gibt so viele

Kameraplätze, dass das Fernsehen tatsächlich nach seiner eigenen Logik arbeiten kann. Dazu gehören auch Werbeflächen sowie Räume für Pressekonferenzen, Tribünenplätze und ausgedehnte Mixed Zones.

Moderner Fünfkampf, olympisch seit 1896 und in den letzten Jahren stets ein Streichkandidat im Programm des IOC, auch weil die Protagonisten in keiner der Einzeldisziplinen auch nur annähernd mit Spezialisten mithalten können, plant für die Sommerspiele 2016 in Rio ein eigenes Stadion – einen Ort, an dem alle fünf Wettkämpfe innerhalb von fünf Stunden absolviert werden können (vgl. Heinecke 2014). Egal ob dieser Plan umgesetzt wird oder Vision bleibt: Für die Sportler haben solche Änderungen gravierende Folgen. Schon seit 1996 wird dieser Fünfkampf (Reiten, Schwimmen, Fechten, Laufen, Schießen) an einem Tag ausgetragen (vorher: bis zu vier Tage und damit viel zu lang für jede Übertragung). 2009 wurden Laufen und Schießen zu einem Combined Event nach dem Vorbild von Biathlon zusammengelegt. 2011 ersetzten Laser- die Kleinkaliberwaffen. Dadurch kann man die Zuschauer vor Ort näher heranholen und Austragungsorte wie beim Beachvolleyball anpeilen. Lena Schöneborn, 2008 Olympiasiegerin, sieht all das mit einem lachenden und einem weinenden Auge:

> Es ist schon sehr spannend jetzt. Ich habe direktes Feedback, und jeder kann sehen, was sich verändert, wenn man danebenschießt. Das finden viele gut. Auf der anderen Seite stellt sich die Frage: Wie weit soll sich eine Sportart verbiegen, um medienwirksam zu sein? (Heinecke 2014).

In London wurde Titelverteidigerin Schöneborn 15. Die nächste Änderung ist schon fix: 2016 soll das Fechten (im Fernsehen bisher kaum vermittelbar) in einem K.o.-System ausgetragen werden.

Zurück zum Profifußball. Wenig überraschend spielen PR-Aktivitäten hier eine viel größere Rolle als früher. Gab es bis 1983 in der Bundesliga keinen einzigen professionellen Pressesprecher (Reng 2013, S. 319), beschäftigen die etablierten Vereine heute im Durchschnitt zehn bis 15 Mitarbeiter in diesem

Feld (entweder als Angestellte oder über Agenturen). Der Lebensweg des Pioniers Markus Hörwick, Jahrgang 1957, der immer noch im Amt ist, steht dabei exemplarisch für viele seiner Kollegen: in der Jugend Fußballer beim FC Bayern, fünf Jahre Reporter bei der *Bild-Zeitung*, zwei Jahre in der PR-Abteilung von Adidas, 1981 Erfindung des *Bayern Magazins* und 1983 schließlich erster Pressechef eines Bundesligaklubs im Hauptberuf.

Die Beziehungen zwischen Fußballern und Medienvertretern haben sich seitdem erheblich verändert. Alle befragten Experten haben berichtet, dass das Verhältnis bis in die 1980er Jahre „familiärer" (Jörg Wontorra) gewesen sei. Sepp Maier, Torwart der legendären Bayern-Mannschaft der 1970er Jahre, sagte, dass damals selbst zu Europapokalspielen nicht mehr als sieben oder acht Journalisten mitgefahren seien.

> Jeder hat jeden gekannt. Wir haben die Reporter teilweise mitgenommen, wenn wir weggegangen sind. Die hatte man unter Kontrolle. Denen konnte man was erzählen, ohne dass es gleich in der Zeitung steht. Sonst hat es eine Watschen gegeben.

Zum Teil haben die Funktionäre gleich selbst als „Journalisten" gearbeitet, um die Kontrolle nicht zu verlieren (Havemann 2013, S. 415) – wie etwa Waldemar Hartmann, der in Augsburg Stadionsprecher war und nebenbei die Spielberichte für die Lokalpresse schrieb (vgl. Hartmann 2013). Heute veranstaltet Markus Hörwick jeden Tag eine Pressekonferenz, sieht dort bei Großereignissen (etwa: neuer Trainer) mehr als ein Dutzend TV-Kameras („davon vier oder fünf, die live senden") und hat auch sonst 100 und mehr Anfragen abzuarbeiten.

> Die Medien stürmen mit einer derartigen Gewalt auf uns ein, dass wir einfach Regularien einführen müssen. Es kann nicht mehr jeder den Spielern hinterherlaufen.

Um dies in die Sprache Schimanks zu übersetzen: Mit den kommerziellen Radio- und TV-Sendern sowie mit dem Internet hat sich die Zahl der Medienakteure vervielfacht und damit die Akteurskonstellation verändert – auch weil diese neuen Akteure den Code des Systems Massenmedien teilweise mit anderen Programmen umsetzen (dürfen). Die Vereine haben dies beobachtet und Ressourcen in PR-Aktivitäten investiert, um ihre Interessen („Erfolg haben", Hörwick) zu schützen. Markus Hörwick weiß um die Handlungslogik der Gegenseite: „Journalisten sind immer auf der Suche nach Themen", sagt er. „Sie wollen, dass bei uns Remmidemmi ist. Am besten soll es eine Schlägerei geben." Folgerichtig bezahlt der Klub heute Profis, die genau das verhindern – indem sie „proaktiv" Themen setzen („Über Bayern wird sowieso geschrieben. Also helfen wir, die Seiten zu füllen."), Persönlichkeiten konstruieren („Wir haben Spieler, die lustig sind, und andere, die vielleicht ganz gut aussehen und sich für ein Shooting eignen") und im Zweifel auch Informationen blockieren („je nachdem, was für den Klub gerade wichtig ist").

5. Medialisierung des Spitzensports III: Medientraining, Trainerprofile und Transfers

Zu den PR-Aktivitäten gehört Medientraining – vom Auftreten vor Kamera und Mikrofon bis zur inhaltlichen Arbeit vor einem Interview. Glaubt man den befragten Beratern, Agenturinhabern und Pressesprechern, liegt die Verantwortung hierfür bei Spielern und Trainern selbst (Mikroebene: Strategien). Je nach Interessenlage wurde die Bedeutung der entsprechenden Fähigkeiten allerdings unterschiedlich eingeschätzt. Während die Anbieter gern mehr tun würden, haben die Berater auf den Lerneffekt vor dem Fernsehgerät hingewiesen und darauf, dass dies vor allem für Topleute wichtig sei. „In erster Linie zählt die Leistung", sagte Stephan Fürstner, Jahrgang 1987, der 2009 von Bayern München nach Fürth wechselte. „Interviews sind Teil des Jobs. Das ist auch ein Bereich, wo sich jeder verbessern kann."

Es ist bekannt, dass heute schon Jugendspieler Berater haben, die Medientermine koordinieren, Veröffentlichungen autorisieren, die Profile in den sozialen Medien pflegen und ihre Schützlinge zu einer Marke entwickeln. „Wenn Jogi Löw ins *Sportstu-*

dio fährt, dann muss er wissen, was gerade läuft", sagte Roland Eitel, Berater des Nationaltrainers. „Was für Fragen können auf mich zukommen? Was sage ich, wenn er mich nach Ballack fragt?" Der Aufwand für diesen „Teil des Jobs" hängt auch vom Standort ab. Während in Medienstädten wie München, Berlin, Hamburg oder Köln leicht fünf bis zehn Stunden Medienarbeit pro Woche möglich sind, schätzte Roland Eitel für Dortmund etwa eine Stunde – immer noch deutlich mehr als in Freiburg, Hoffenheim oder Bremen, wo es „eigentlich gar nichts" gebe. Dass TV-Kompatibilität heute genauso wichtig ist wie andere Talente, zeigt das Beispiel Sebastian Deisler. Dieses Jahrhunderttalent kam nicht damit klar, eine öffentliche Figur zu sein, vermied Kontakte mit Journalisten, und beendete seine Karriere mit 27 Jahren (vgl. Rosentritt 2010). Ein Gegenbeispiel ist Jens Lehmann, der das Duell mit Oliver Kahn um den Platz im WM-Tor 2006 mit einem Wahlkampf verglichen hat. Er habe versucht, nach jedem Punktspiel strategische Interviews zu geben und sich so gegen die Bayern-Lobby und hier vor allem gegen die Kolumnen von Franz Beckenbauer zu wehren (Lehmann und Siemes 2011, S. 187-201).

Bis weit in die 1980er Jahre ließ sich zumindest in Deutschland nicht absehen, dass Fußballer in breiter Front zu Unterhaltungsstars werden könnten. TV-Auftritte und Statements in der Presse waren die absolute Ausnahme. Abgesehen von Beckenbauer, Günter Netzer oder Paul Breitner hatten normale Bundesligaspieler während ihrer gesamten Karriere so gut wie keinen Medienkontakt (Reng 2013, S. 101; vgl. Havemann 2013, S. 192). Der Chronist Roland Reng (2013) hat dies sowohl mit dem Image des Spiels begründet („Fußball war der Proletensport in einer Gesellschaft, in der kaum noch jemand Arbeiter sein wollte", S. 162) als auch mit dem Selbstverständnis der Journalisten, die bestenfalls den Präsidenten oder den Trainer in die Redaktion bestellt hätten, sich aber sicher gewesen seien, selbst besser als jeder Spieler formulieren zu können (S. 167).

Dass Medientraining die Arbeitsbedingungen der Journalisten und die Medieninhalte verändert, liegt auf der Hand. Es ist hier nicht der Ort, diese Entwicklung im Detail nachzuzeichnen (zumal dafür Inhaltsanalysen nötig wären), das Beispiel Medientraining eignet sich aber trotzdem gut, das Wechselspiel zwischen der (sich wandelnden) Handlungslogik der Massenmedien und dem Fußball zu illustrieren. Nach dem Verkauf der Bundesliga-Übertragungsrechte an RTL und Sat.1 wurden die öffentlichen Konstruktionen des Spiels „dramatischer und menschlicher" (Reng 2013, S. 378). In den 1990er Jahren hatten gute Fußballreporter die Privatnummern der Spieler, und Stars wie Lothar Matthäus sprachen auch ungefragt mit jedem von ihnen (ebd., S. 400). Die Vereine haben daraus gelernt. „In den Musterverträgen steht heute, dass kein Interview ohne Rücksprache gehalten werden darf" (Roland Eitel). Da das direkt nach Abpfiff nicht immer einzuhalten ist, lernen die Spieler, „nichts gegen Mannschaftskameraden zu sagen und nichts gegen den Trainer" (Manfred Schulte, Berater der Bender-Zwillinge). Die Journalisten wiederum bekommen so keinen Stoff für „Remmidemmi" (Markus Hörwick) und verstehen sich heute auch deshalb eher als Unterhalter, Experten und Kritiker, weil Hunderte Kollegen nach den gleichen (nicht mehr kommunizierten) Geschichten fahnden.

Ähnlich wie die Spieler wurden auch die Trainer mit der Personalisierung der Berichterstattung interessant. Während bis in die 1980er Jahre autoritäre Übungsleiter die Bundesliga dominierten, die respektiert wurden, weil sie selbst als Profis Erfolg hatten, sind Titelgewinne als Spieler heute keine Einstellungsvoraussetzung mehr. Der moderne Coach muss kommunizieren können und fernsehtauglich sein. Zu Beginn der Saison 2010/11 hatten fünf der prominentesten Bundesliga-Trainer nie in einem Topverein gespielt, aber einen höheren Bildungsabschluss (Robin Dutt, Jürgen Klopp, Ralf Rangnick, Mirko Slomka, Thomas Tuchel). Jens Lehmann hat diese Kriterien schon im Jahr 2000 bei Borussia Dortmund beobachtet. Niemand habe gewusst, warum Bernd Krauss dort Trainer geworden sei. Den Entscheidern habe offenbar gereicht, dass er „öffentlich kompatibel" war (Lehmann und Siemes 2011, S. 101). Reiner Calmund hat Berti

Vogts auch entlassen, weil er die Medien nicht beherrschte, und Dragoslav Stepanović sowie Rudi Völler geholt, um etwas Zirkusluft nach Leverkusen zu bringen (Calmund 2009, S. 99-100, 136-137). Und Theo Zwanziger (2012, S. 251) wollte Silvia Neid 2005 als Frauen-Bundestrainerin, weil sie ein „Fernsehgesicht" hat.

Abbildung 4: Wintertransfers, Bundesliga (www.transfermarkt.de)

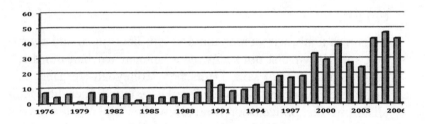

Transfers scheinen die Vereine geradezu erfunden zu haben, um die (kommerzielle) Handlungslogik der Massenmedien zu bedienen: Es geht um Stars und um Konflikte, und es lassen sich immer wieder aktualisierbare Geschichten erzählen, die nicht davon abhängen, ob tatsächlich gespielt wird. Natürlich: Die Bedingungen für Transfers haben sich seit dem Start der Bundesliga erheblich geändert (Stichworte: Ausländerklauseln, Bosman-Urteil 1995, der Einfluss von Beratern und die wachsende Geldmenge, die in den Fußball fließt, vgl. Havemann 2013, S. 457-460, 492, 514). Genauso wahr ist, dass es Situationen gibt (nach Verletzungen oder bei Finanzproblemen), in denen ein Klub auf dem Spielermarkt aktiv werden muss, um den Erfolg nicht zu gefährden. Trotzdem fällt auf, dass dieses Verhalten erst mit der Kommerzialisierung der Berichterstattung üblich geworden ist. Während die Vereine bis Ende der 1970er Jahre ein „regionales Herz" hatten (Reng 2013, S. 245), gibt es bei den Wintertransfers zwei Schübe, die der veränderten Handlungslogik der Massenmedien folgen (Anfang der 1990er Jahre und ein Jahrzehnt später, vgl. Abbildung 4). Als am 16. Dezember 1989 mit Andreas Thom der erste DDR-National-spieler in die Bundesliga wechselte, ließ Reiner Calmund das fällige Punktspiel gegen Homburg einfach ausfallen (indem der Platz für unbespielbar erklärt wurde). Calmunds Ziel: eine „historische Pressekonferenz" mit einer Exklusivnachricht (Calmund 2009, S. 73-74).

6. Fazit

„Wenn es heißt, wir werden um drei Uhr übertragen und eigent-lich spielen wir erst um sechs, dann spielen wir halt um drei", sagte Günter Hamel vom Deutschen Volleyball-Verband, den Stephanie Heinecke (2014) für ihre Dissertation über die Medi-alisierung des Spitzensports interviewt hat. Die Wettkampfzeit ist dabei nur die offenkundigste der Wirkungen des Fernsehens auf den Spitzensport. Seit den 1980er Jahren hat sich dieses so-ziale Funktionssystem auf allen Ebenen an die Handlungslogik des Systems Massenmedien und damit tendenziell an die kom-merzielle Logik angepasst. Um dies erneut am Beispiel Fußball zu illustrieren:
– Mikroebene: Bei der Trainersuche ist Medienaffinität ein Kri-terium geworden. Die wichtigsten Protagonisten bekommen Medientraining und bezahlen Berater, die ihr öffentliches Image kontrollieren. Es gibt heute deutlich mehr Transfers als vor der Kommerzialisierung der Berichterstattung. Die Spieler wissen außerdem um die Präsenz der Kameras und handeln entspre-chend (Torjubel, Verhalten bei Ein- und Auswechslungen und nach umstrittenen Schiedsrichterentscheidungen).
– Mesoebene: Die Vereine haben heute in jeder Hinsicht fern-sehtaugliche Stadien und betreiben professionelle PR.
– Makroebene: Die FIFA und mit ihr die Verantwortlichen für die Bundesliga haben sowohl die Spielregeln als auch den An-

setzungsrhythmus ständig an die sich wandelnde Handlungslogik der Massenmedien angepasst.

Die hier genannten Indikatoren stehen pars pro toto. Zum einen haben sich Sportarten, die weniger Sendezeit bekommen als der Fußball, weit stärker verändert, und zum anderen sind in diesem Vortrag längst nicht alle Veränderungen angesprochen worden. Der Fußball zum Beispiel ist schneller und ästhetischer geworden. Es gibt heute weniger Fouls sowie weniger Unterbrechungen als vor 50 Jahren und damit bessere Bilder für einen Übertragungskanal, der Dynamik, Dramatik und Narrativität verlangt. Gar nicht untersucht wurden in der Studie zur Medialisierung des Profifußballs in Deutschland Vereinschefs, Manager und Schiedsrichter, Klubgebäude (man denke nur an die Buddhas, die Jürgen Klinsmann beim FC Bayern aufstellen ließ, oder an den von ihm angeregten Umbau des Trainingsgeländes), das Merchandising im Allgemeinen und die Trikots im Speziellen (der FC Bayern und 1860 München haben im Herbst 2013 sogar ein Wiesn-Outfit kreiert) sowie das Privatleben der Spieler. Heute sind nicht nur die Trinkgelage undenkbar, von denen Toni Schumacher, Uli Borowka, Stefan Effenberg oder Lothar Matthäus in ihren Autobiografien berichten.

Auch wenn einzelne Indikatoren genau wie das empirische Material im Detail angreifbar sein mögen, belegt allein die Fülle der Befunde auf allen Handlungsebenen die Existenz von langfristigen Medienwirkungen zweiter Ordnung. Der Vortrag zeigt, dass sowohl individuelle als auch kollektive Akteure auf die Ausdifferenzierung des Massenmediensystems und Veränderungen der dortigen Akteurskonstellationen und Ressourcen reagieren. Was daraus für die Berichterstattung folgt, kann der Sportanhänger jeden Tag beobachten (vor allem im Fußball): Journalisten bekommen sendefertige Produkte, Spieler, Trainer und Offizielle haben die Handlungslogik der Massenmedien verinnerlicht und sind darauf vorbereitet, selbst auf die besten Fragen nichts zu sagen, was ihre Interessen bedrohen könnte, und wenn dies doch passieren sollte, stehen ihnen PR-Profis zur Seite, die die Veröffentlichung entweder verhindern oder die

Folgen mildern. Ein Journalismus, der seine Kritik- und Kontrollfunktion erfüllen kann und möglicherweise sogar investigativ arbeitet, ist unter diesen Bedingungen kaum vorstellbar.

Literaturverzeichnis

Reiner Calmund: *Fußballbekloppt! Autobiographie.* München: Goldmann 2009.

Marco Dohle, Gerhard Vowe, Christian Wodtke: *2 Millimeter Unterschied. Eine Inhaltsanalyse von Regeländerungen zur Überprüfung von Mediatisierungstendenzen im Sport.* In: Daniel Beck, Steffen Kolb (Hrsg.): *Sport und Medien.* Zürich: Rüegger 2009, S. 159-178.

Waldemar Hartmann: *Dritte Halbzeit.* München: Heyne 2013.

Nils Havemann: *Samstags um halb vier. Die Geschichte der Fußballbundesliga.* München: Siedler 2013.

Stephanie Heinecke: *Fit fürs Fernsehen? Die Medialisierung des Spitzensports als Kampf um Gold und Sendezeit.* Köln: Halem 2014.

Inga Huck, Hans-Bernd Brosius: *Der Third-Person-Effekt – Über den vermuteten Einfluss der Massenmedien. Publizistik* 52. Jg. (2009), S. 355-374.

Nino Landerer: Rethinking the Logics: *A Conceptual Framework for the Mediatization of Politics. Communication Theory* 23. Jg. (2013), S. 239-258.

Jens Lehmann, Christof Siemes: *Die Wahrheit liegt auf dem Platz.* München: Heyne 2011.

Roland Reng: *Spieltage. Die andere Geschichte der Bundesliga.* München: Piper 2013.

Michael Rosentritt: *Sebastian Deisler.* München: Knaur 2010.

Michael Schenk: *Medienwirkungsforschung.* 3. Auflage. Tübingen: Mohr Siebeck 2007.

Uwe Schimank:. *Gesellschaftliche Teilsysteme als Akteurfiktionen. Kölner Zeitschrift für Soziologie und Sozialpsychologie* 40. Jg. (1988a), S. 619-639.

Uwe Schimank: *Die Entwicklung des Sports zum gesellschaftlichen Teilsystem.* In: Renate Mayntz. B. Rosewitz, Uwe Schimank, Rolf Stichweh (Hrsg.): *Differenzierung und Verselbständigung.* Frankfurt/Main: Campus 1988b, S. 181-232.

Uwe Schimank: *Handeln und Strukturen.* Weinheim: Juventa 2010.

Theo Zwanziger: *Die Zwanziger Jahre.* Berlin: Bloomsbury 2012.

GERHARD HUBER

Sport ist ... gesund

Es geschieht fast unbemerkt und hat doch massive Auswirkungen. Das allmähliche „Verschwinden der Bewegung", besser noch das „Verschwinden der körperlichen Aktivität", ist eine der wichtigsten Veränderungen, die die zunehmende Technisierung und Automatisierung für die Menschen in den Industriestaaten mit sich gebracht hat.

So nimmt es nicht Wunder, dass diese körperliche Inaktivität bereits 2009 als größtes „Public Health Problem" des 21. Jahrhunderts bezeichnet wurde („Physical inactivity: the biggest public health problem of the 21st century". Blair, 2009, S. 1).

Aus dieser Problematik ergeben sich für die Sportwissenschaft eine ganze Reihe von Aufgaben, wie zum Beispiel die Entwicklung, Umsetzung und Evaluation von geeigneten Bewegungsinterventionen, die geeignet sind, diese Entwicklung positiv zu beeinflussen. Der folgende Beitrag zeigt, warum diese Aufgabe sehr forschungsintensiv ist, nur interdisziplinär gelöst werden kann und die triviale Forderung nach mehr „Sport" keineswegs ausreichend ist.

Fünf Jahre nach der erstmaligen und eindeutigen Identifikation des Bewegungsmangels als übergeordnetem Risikofaktor haben sich zwei Dinge verändert. Das Problem hat sich zum einen vergrößert, aber auch die Evidenz für die Wirksamkeit von angemessenen Interventionen hat sich beträchtlich erhöht (vgl. dazu Trost et al., 2014). Nahezu 90 % der Bundesbürger sind davon betroffen und nicht in ausreichendem Maße körperlich aktiv. Deshalb steigt auch die Prävalenz von Bewegungsmangelerkrankungen mit beängstigender Geschwindigkeit. Dies zeigen beispielhaft die Daten für den Diabetes Typ II, mehr als 8 Millionen Bundesbürger sind inzwischen betroffen (Heidemann et al., 2013).

Obwohl für die positiven Effekte einer entsprechenden Kompensation durch Bewegungsprogramme eine hohe Evidenz vorliegt, werden diese Potentiale noch viel zu wenig von den einzelnen Menschen, der Gesellschaft insgesamt und innerhalb des Systems der Gesundheitsversorgung genutzt.

Lange Zeit wurde versucht, das Verschwinden der Bewegung durch ein verstärktes Werben für mehr sportliche Aktivitäten zu kompensieren. Leider hat sich gezeigt, dass dies nur bei einem kleinen Teil der Bevölkerung gelingt und auch dann oft nicht quantitativ ausreichend ist. Wir müssen deshalb davon ausgehen, dass das Problem der mangelnden körperlichen Aktivität nicht durch die Forderung nach mehr Sport gelöst wird. „Sport is one part, but is probably not a large part of our lifetime physical activity levels" (Trost et al., 2014, S.169).

Daraus ergeben sich für die Sportwissenschaft eine Vielzahl von neuen Forschungsfragen und Interventionsfelder. Dazu gehört u. a.:

– Wie aktiv sind die Menschen in den verschiedenen Lebensbereichen?

– Wie verändert sich die körperliche Aktivität über die Lebensspanne hinweg?

– Welche gesundheitlichen Potentiale haben die verschiedenen Aktivitäten?

– Wie ist die Plastizität der Trainierbarkeit der Menschen?

– Welche Wirkungen und Wirkmechanismen hat diese körperliche Aktivität auf bestimmte Krankheitsbilder und deren Folgen?

– Was motiviert Menschen zur körperlichen Aktivität?

– Welche Nutzerbarrieren hindern Sie daran?

Ein wichtiger motivationaler Faktor ist das „Effektwissen". Das Wissen um die Effektivität der körperlichen Aktivität erhöht die Bereitschaft. Im Fokus dieses Beitrags steht die Darstellung der gesundheitlichen Auswirkungen von körperlicher Aktivität und Sport für den Menschen und erste Hinweise, wie diese Effekte erreicht werden können. Dies ist die Grundlage und Ausgangspunkt auch für unsere Forschungen und liefert die Legitimation für alle bewegungsbezogenen Interventionen über die gesamte Lebensspanne hinweg (vgl. Huber 2010).

Generelle Gesundheitswirkungen: Leben körperlich aktive Menschen länger?

Eigentlich besteht unser wichtigstes Ziel darin, den Menschen im Alter mehr Lebensqualität zu geben, also viel eher den „Jahren mehr Leben hinzuzufügen und nicht dem Leben mehr Jahre zu geben." Trotzdem zeigen inzwischen große epidemiologische Studien, dass angemessene körperliche Aktivität einen lebensverlängernden Effekt hat und somit das härteste aller Kriterien, die Mortalität, erheblich senken kann. Bemerkenswert ist dies auch deshalb, weil in diesen Untersuchungen alle Todesursachen erfasst werden, auch solche, auf die die körperliche Aktivität keinerlei Einfluss hat, wie z. B. Unfälle, Vergiftungen, Suizide oder Gewaltverbrechen. Insgesamt liegen dazu über 80 Studien mit insgesamt mehr als 700.000 beobachteten Frauen und 300.000 Männern vor. In den untersuchten Kohorten wurden im Beobachtungszeitraum 140.000 Todesfälle registriert. Die Ergebnisse zeigen eine konsistent niedrigere Sterblichkeit für körperlich aktive Menschen. 90 % der Studien zeigen dazu einen signifikanten Dosis-Wirkungszusammenhang für mindestens einen Bereich der körperlichen Aktivität. Art und Umfang der körperlichen Aktivität wurden in den Studien entweder durch den Energieverbrauch, die Dauer oder die Frequenz der körperlichen Aktivität, d. h. mit sehr unterschiedlichen Verfahren erfasst, wodurch ein einheitlicher Vergleich sehr schwierig ist. Trotzdem zeigte sich, dass ein zusätzlicher Energieverbrauch durch körperliche Aktivität von etwa 1000 kcal pro Woche ausreichend ist, um eine signifikante Reduzierung der Mortalität zu erreichen. Dies entspricht einer mittleren bis anstrengenden („moderate to vigorous") Aktivität von 2,5 Stunden pro Woche. Damit ist auch die Basis gelegt für die Empfehlung von **30 Minuten körperlicher Aktivität** an mindestens fünf Tagen pro

Woche. Die untere Grenze der Wirksamkeit liegt bei etwa 20 Minuten pro Tag oder etwa insgesamt 2 Stunden Aktivität pro Woche, wobei gerade *Walking* ein hervorragendes Beispiel für eine gut geeignete Aktivität darstellt. Übertragen auf die Gehstrecke bedeutet dies etwa 3-4 Kilometer pro Tag. Mehr dazu weiter unten.

Der festgestellte Zusammenhang zwischen Dosis und Wirkung ist allerdings nicht linear, sondern liefert am Anfang den größten Effekt. Dies bedeutet, dass gerade ältere Menschen als Neueinsteiger deutliche Gewinne an körperlicher Leistungsfähigkeit und Gesundheitseffekten erwarten dürfen.

Diese Befunde werden in einer aktuellen epidemiologischen Studie aus Taiwan eindrucksvoll bestätigt (Wen et al., 2011). Darin wurden die Daten von 416.000 Menschen ausgewertet, um den Zusammenhang von Art und Umfang der körperlichen Aktivität und der Sterblichkeit zu erfassen. Dabei wurde der Aktivitätsumfang relativ einfach in einer 5-stufigen Skalierung erfasst (inaktiv, wenig, mittel, hoch und sehr hoch). Demnach genügen bereits 15 Minuten täglicher körperlicher Aktivität, um das „Versterberisiko" um 14 % zu reduzieren. Dazu reicht eben schon das forcierte Gehen also „Walking". Bezogen auf einzelne Krankheitsbilder ergaben sich besonders deutliche Effekte für Herz- Kreislauferkrankungen, Krebserkrankungen und Diabetes Typ 2. Bei allen Krankheiten zeigt sich der schon erwähnte erste initiale Effekt und demonstriert eine signifikante Wirksamkeit schon durch geringen Aktivitätslevel, der mit geringem Zeitaufwand verbunden ist. Art und Umfang der geforderten körperlichen Aktivität lassen sich aber immer so gestalten, dass das kalendarische Alter keinen Hinderungsgrund darstellen kann.

Eine aktuelle australische Studie (Almeida et al., 2014) zeigt Daten von über 12.000 männlichen Probanden. Von diesen wurden im Alter zwischen 65 und 83 Jahren 1996-1998 umfangreiche Daten erhoben unter anderem die körperliche Aktivität, wobei alle, die 150 und mehr Minuten aktiv waren, als „körperlich aktiv" eingestuft wurden. Dies entsprach 16,9 % der Stichprobe. Nach einer Beobachtungszeit von 10 bis 13 Jahren ergab sich eine um 60 % niedrigere Mortalitätsrate in der aktiven Gruppe bei gleichzeitig deutlich besseren kognitiven Leistungen. Die Reduktion der körperlichen Aktivität erhöht das Sterberisiko.

Spezifische Gesundheitswirkungen: Körperliche Aktivität verhindert Krankheiten und ist ein wichtiger Therapiebaustein

Körperliche Aktivität hat auch bei zahlreichen chronischen Erkrankungen eine präventive und rehabilitative Wirkung. Dies sind naturgemäß die Krankheiten, bei deren Pathogenese der Bewegungsmangel einen entscheidenden Beitrag liefert und, wenig überraschend, deren epidemiologische Bedeutung auch mit dem demografischen Wandel steigt.

Es liegt eine erdrückende Evidenz dafür vor, dass ausreichende körperliche Aktivität mit dem genannten Mindestumfang von 150 Minuten pro Woche folgende Effekte hat (vgl. Sallis, 2009; Burns & Murray, 2014; Trilk et al., 2014):
– stark verringertes Risiko, an Diabetes Typ 2 zu erkranken.
– stark verringertes Risiko, am metabolischen Syndrom zu erkranken.
– stark verringertes Risiko, eine kardiovaskuläre Erkrankung zu erleiden.
– stark verringertes Risiko, an Diabetes Typ 2 zu erkranken.
–verringertes Risiko, an den häufigsten Krebserkrankungen (siehe unten) zu erkranken.
– stark verringertes Risiko, an Osteoporose zu erkranken.
– deutliche Verbesserung der mentalen Gesundheit.
– stark verringertes Risiko, altersbedingte Stürze zu erleiden.

Zahlreiche Studien betätigen den Zusammenhang von körperlicher Aktivität und dem dadurch verzögerten funktionalen Rückgang im höheren Alter. Dies betrifft nicht nur die körperlichen Aspekte wie verbesserte Koordination, Kraftzuwachs oder Ausdauerleistungsfähigkeit, sondern auch kognitive und mentale Faktoren.

Im Zuge des demografischen Wandels wird es zu einer steigenden Inzidenz von demenziellen Erkrankungen kommen. Es ist ausreichend belegt, dass Lebensstilfaktoren das spezifische Erkrankungsrisiko erheblich beeinflussen. Dies gilt besonders für die körperliche Aktivität. Mit steigendem Umfang an körperlicher Aktivität sinkt das Demenzrisiko. Die vermutlichen Wirkmechanismen sind sowohl die Optimierung der Gefäßsituation als auch die Verbesserung der Neurotransmitterübertragung im Gehirn. Allerdings ist dazu die empirische Basis dazu noch recht schmal, die Stichproben sind zu klein und die Beobachtungszeiträume zu kurz (Nagamatsu et al., 2014).

Die sportwissenschaftliche Herausforderung: Geringe Nutzung trotz hoher Evidenz

Angesichts dieser Befunde stellt die geringe Nutzung dieser Potenziale durch die Menschen eine wichtige Forschungsaufgabe dar. Für Deutschland liegt nur eine ungenügende Datenbasis vor, die lediglich selbsteingeschätzte Sportaktivitäten umfasst. Gemessene und deshalb genauere Daten aus Kanada zeigen folgende Ergebnisse (Garriguet et al., 2011):

– 1-5 % der erwachsenen Kanadier sind insgesamt mindestens 150 Minuten pro Woche aktiv (moderate-to-vigorous physical activity, MVPA).

– 5 % sind an mindestens 5 Tagen pro Woche mindestens 30 Minuten aktiv MVPA.

– Der erwachsene Kanadier sitzt pro Tag durchschnittlich 9,5 Stunden und damit ca. 70 % der Wachzeit.

Menschen neigen dazu, den Umfang ihrer körperlichen Aktivität zu überschätzen. So sind nach aktuellen Daten, US Bürger nach eigener Einschätzung pro Wochen 6 Stunden moderat, und etwa eine Stunde intensiv körperliche aktiv. Objektive Messungen ergaben lediglich 45 Minuten moderater und 18 Minuten intensiver körperlicher Aktivität (Tucker et al. 2011).

Daraus leitet sich für die Sportwissenschaft eine wichtige Forschungsaufgabe ab. Das Ziel, Menschen langfristig und nachhaltig an körperliche Aktivität zu binden wird zukünftig immer bedeutsamer und erfordert eine interdisziplinäre sozialwissenschaftliche Kooperation.

Warum wir uns bewegen müssen: Das Erbe der Evolution

Seitdem es Menschen gibt, ist deren Überleben davon abhängig, ob es ihnen gelingt, ausreichend Nahrung zu bekommen. Dieser Nahrungserwerb war bis in die allerjüngste Vergangenheit immer damit verbunden, sich zu bewegen. Für einen sehr großen Zeitraum von mehr als 1 Million Jahre bestand diese Bewegung darin, Nahrung zu sammeln oder zu jagen. Erst seit dem relativ kurzen Zeitraum von ca. 10 000 Jahren begannen Menschen sesshaft zu werden und Ackerbau zu betreiben (Cordain, 2000). Dies begann erst in der Jungsteinzeit und wird wegen seiner hohen anthropologischen Bedeutung auch als *neolithische Revolution* bezeichnet. Dies veränderte einerseits die Nahrungspräferenzen, denn es war erst ab diesem Zeitraum möglich, kohlenhydratreiche Lebensmittel in größerer Menge zu produzieren und für einen längeren Zeitraum zu lagern. Andererseits hat sich mit dem Ackerbau und der damit verbunden Sesshaftigkeit aber eines nicht verändert: Noch immer war der Nahrungserwerb mit einem hohen Aufwand an körperlicher Aktivität verbunden. Dies hat sich erst in den letzten 100 Jahren zunächst langsam und dann mit zunehmender Geschwindigkeit verändert (Huber 2009).

Aus der Perspektive der Bewegungswissenschaft ergeben sich die folgenden phänotypischen Konstellationen, die im Verlauf der menschlichen Entwicklungsgeschichte erhebliche evolutionäre Vorteile boten und mit einer erhöhten Chance einherging, die eigenen Gene weiterzugeben:

– Menschen, die immer dann, wenn Nahrung zur Verfügung steht, auch viel davon zu sich nehmen, vor allem dann, wenn dies über den aktuellen Bedarf hinausgeht.

Im Verlauf der Menschheitsgeschichte wechselten sich Phasen des Überflusses und zeitlich limitierter Hungerperioden ab. Jagderfolg war kurzer Überfluss, Zeiten ohne Jagderfolg oder Sammlerglück waren eher die Regel als die Ausnahme („Feast and Famine"; Chakravarty & Booth, 2003). Bezüglich der Nahrungsaufnahme zurückhaltende oder wählerische Hominiden hatten kaum Chancen unsere Vorfahren zu werden, die nächste Hungerperiode raffte sie hinweg.

– Menschen, die in der Lage waren, möglichst viel der aufgenommenen Nahrung als Fett abzuspeichern.

Diese Fähigkeit zur „Liponeogenese", also der Umwandlung aufgenommener Nährstoffe in die bestmögliche Speicherform, das Fett (vgl. Kaufmann & Huber, 2007), erweist sich als überlebenswichtiger Vorteil, da ohne Energievorräte in dieser Form die Chance des Überlebens und damit auch der Weitergabe der Gene deutlich reduziert waren.

– Menschen, die sich wirklich nur dann bewegten, wenn es unbedingt notwendig war: alles andere bedeute unnütze und schädliche Vergeudung von Energie.

Das Leben des Homo sapiens in der Vorzeit war durch einen hohen Umfang körperlicher Aktivität gekennzeichnet. Dies war (über-)lebensnotwendig zum Erwerb ausreichender Nahrung (Die Männer der AKA Pygmäen in Zentralafrika verbringen noch heute 56 % ihrer Zeit mit Jagen und 17 % mit Sammeln). Wer Energie durch unnötige körperliche Aktivität verschleuderte, musste dies büßen und reduzierte seine Chancen auf „Genweitergabe" gewaltig (vgl. Chakravarty & Booth, 2004).

Die folgende Tabelle zeigt die geringe Kompatibilität unserer evolutionär bedingten Eigenschaften und dem modernen Lebensstil.

Sport ist ... gesund   95

	„Steinzeit"	„Gegenwart"
Mahlzeiten	Nahrung war unregelmäßig verfügbar, häufiger Wechsel zwischen Unterversorgung und Überversorgung (z. B. jahreszeitlich oder bei Jagderfolg: ("feast and famine cycle"). Hoher zeitlicher Aufwand zum Nahrungserwerb, Nahrungserwerb mit Risiken verbunden.	Nahrung mit hoher Kaloriendichte überall und für jeden ohne Zeitaufwand zugänglich, gänzlicher Ausfall von Hungerphasen. Keinerlei Risiko beim Nahrungserwerb.
Körperliche Aktivität	Regelmäßige ausdauernde körperliche Aktivität war überlebensnotwendig, auch noch lange nach dem sesshaft werden in der Jungsteinzeit.	Keine Notwendigkeit zur täglichen körperlichen Aktivität, selbst bei sportlichen Menschen finden wir nur „periodische" Aktivitätsphasen .
Speicherfähigkeit für Nahrung	Überlebensnotwendige Eigenschaft, eher seltene Speicherung, da Überangebot nicht sehr häufig. Je ausgeprägter diese Eigenschaft, desto bessere Chance so lange zu leben, dass die eigenen Gene weitergegeben werden konnten.	Funktionsverlust durch permanentes Nahrungsangebot. Dieses führt zu häufigen Speichervorgängen und seltenem Verbrauch. Dieses Ungleichgewicht ist die Grundlage des Übergewichts und der metabolischen Erkrankungen.

Tab. 1. Die genetische Fehlprogrammierung als Ursache des Übergewichts (vgl. Chakravarthy & Booth 2003, Power & Schulkin 2009).

Sport ist gesund: anwendungsorientierte Forschung am ISSW

Abschließen soll noch an zwei kleinen Beispielen gezeigt werden, wie wir am Institut für Sport und Sportwissenschaft die Forderung nach einer translationalen anwendungsorientierten Forschung umsetzen.

Körperlicher Aktivität bei Krebserkrankungen

Mit nahezu 220 000 Todesfällen pro Jahr, das entspricht 25 % der Gesamtmortalität, sind Krebsleiden nach den Herz-Kreislauferkrankungen die zweithäufigste Todesursache in Deutschland.

Während noch bis vor etwa 20 Jahren den Krebspatienten dringend Schonung ans Herz gelegt wurde, zeigt inzwischen eine beständig größer werdende Anzahl von Forschungsarbeiten die Bedeutung angemessener Bewegungstherapien für die Verbesserung der Lebensqualität. In einigen Studien konnten teilweise auch der konkrete Rückgang der Rezidivraten und verlängerte Überlebenszeiten nachgewiesen werden. Dies ist nicht verwunderlich, zeigen sich in epidemiologischen Untersuchungen erhebliche Reduzierung des Erkrankungsrisikos durch regelmäßige körperliche Aktivität. Dies gilt vor allem für Brust- und Darmkrebs und wahrscheinlich auch für Prostatakrebs. Dabei liegt dies Risikominderung für den Darmkrebs bei ca. 40-50 %, bei Brustkrebs bei über 30 %. Auch hier genügen wohl schon geringe Umfänge an körperlicher Aktivität, um signifikante Effekte zu erreichen. Dabei zeigen fast alle 32 Untersuchungen positive Dosis – Wirkungsbeziehungen (vgl. dazu Friedenreich 2011). Noch haben wir sehr wenige Erkenntnisse zur idealen personalisierten Dosierung und zur effektivsten inhaltlichen Gestaltung, ebenso wie wir noch sehr wenig über die hier positiv wirkenden Mechanismen wissen. Diese Fragen können natürlich nur interdisziplinär erforscht werden. Dies geschieht in enger Kooperation mit dem Nationalen Tumor Centrum in Heidelberg in einer Form der translationalen Forschung, von der die bei uns trainierenden Krebspatienten unmittelbar profitieren (vgl. dazu Wiskemann et al. 2011).

Evidenzbasiert und anwendungsorientiert:
Die Bewegungspyramide

Seit vielen Jahren beschäftigen sich Sportwissenschaftler und Mediziner mit der Frage, welche Art und vor allem wie viel körperlicher Aktivität notwendig ist, um die angestrebten gesundheitlichen Effekte zu erzielen. Zur Strukturierung dieser verschiedenen Empfehlungen nutzen wir das Modell der Bewegungspyramide, welches wir für verschieden Bewegungsinterventionen konzipiert haben so z. B. für Diabetes Typ2 (Huber, 2011) oder für Krebserkrankungen (Huber & Schlembach, 2012).

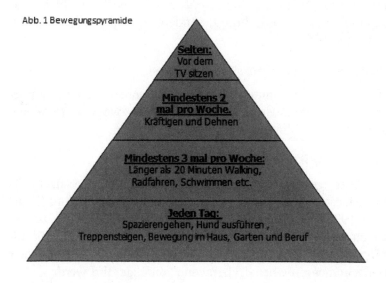

Abb. 1 Bewegungspyramide

30 Minuten täglich körperliche Aktivität.

Wie oben gezeigt, belegen große epidemiologische Studien, dass angemessene körperliche Aktivität einen lebensverlängernden Effekt hat und somit das härteste aller Kriterien, die Mortalität, erheblich senken kann. Die untere Grenze der Wirksamkeit liegt bei etwa 20 Minuten pro Tag oder etwa 2 Stunden Aktivität pro Woche, wobei gerade Walking ein hervorragendes Beispiel für eine gut geeignete Aktivität darstellt. Übertragen auf die Gehstrecke bedeutet dies etwa 3 - 4 Kilometer pro Tag. Daraus leitet sich die Empfehlung von 30 Minuten körperlicher Aktivität pro Tag ab, die inzwischen auch von der Weltgesundheitsorganisation (WHO) propagiert wird. Geeignet dafür ist jede Art von körperlicher Aktivität, die keine übermäßige Belastung des Bewegungsapparates darstellt („orthopedic stress"), z. B. Walking, aber auch Schwimmen und Rad fahren. Es gibt eine ungewöhnlich solide empirische Basis dafür, dass die Einhaltung dieser Vorgabe gerade für den älteren Menschen nicht nur gesundheitliche Vorteile bringt, sondern auch die Lebensqualität erheblich verbessert.

Zweimal pro Woche Ausdaueraktivität

Während die 30 Minuten Aktivität nicht unbedingt am Stück absolviert werden müssen, empfiehlt es sich, zweimal pro Woche mindestens 20 Minuten am Stück aktiv zu sein

Zweimal pro Woche Muskeltraining

Die überragende Bedeutung des Muskeltrainings gerade für ältere Menschen wurde erst vor wenige Jahren voll erkannt (Fiatarone 1996). Dazu passend konnten Ruiz et al. (2008) zeigen, welch hohen Einfluss die Muskelkraft als Prädiktor für die Mortalität hat. Das hierzu erforderliche Training kann in jedem Badezimmer mit einem „Theraband" durchgeführt werden.

Möglichst wenig Sitzen

„Ist Sitzen eine tödliche Aktivität?" so lautet der Titel eines Beitrags in der New York Times im Jahr 2011 veröffentlichte („Is Sitting a Lethal Activity?" NYT 14. April 2011). Dieser

stützte sich auf die Daten einer Krebspräventionsstudie, die die Relation zwischen Sitzzeit, körperlicher Aktivität und erhöhtem Versterberisiko analysierte (Patel et al. 2010). In der Tat zeigen die Befunde für die Menschen, die mehr als sechs Stunden am Tag sitzen (im Vergleich zu denen mit geringerer Sitzzeit):
– eine um 40 % erhöhte Todesrate für Frauen
– eine um 20 % erhöhte Todesrate für Männer
– eine um 94 % erhöhte Todesrate für Frauen, die insgesamt am wenigsten aktiv waren.
– eine um 40 % erhöhte Todesrate für Männer, die insgesamt am wenigsten aktiv waren.

Die Evidenz dafür, dass der Antipode der körperlichen Aktivität, das Sitzen, extremes Gefahrenpotential hat und aus präventiver Perspektive gerade für ältere Menschen dringend reduziert werden muss.

Nachdem in diesem Beitrag sehr häufig von der Gesundheitswirkung der körperlichen Aktivität gesprochen wurde, die im Gegensatz zum im Titel genannten „Sport" wohl entscheidend ist, möchte ich als Sportwissenschaftler zum Schluss noch eine deutliche Lanze für den Sport brechen. Es gibt wohl keine körperlichen Aktivitäten, die so intensiv, motivierend, kommunikativ, lustvoll, bereichernd, freudvoll und ... sind, wie die des Sports. Dies gilt sogar fürs Zuschauen, wie die gerade begonnene Fußballweltmeisterschaft zeigt, obwohl ich als Sportler eigentlich nie zuschaue, sondern mental immer mitspiele.

Literatur

Almeida, O. P., Khan, K. M., Hankey, G. J., Yeap, B. B., Golledge, J., & Flicker, L. (2014). *150 minutes of vigorous physical activity per week predicts survival and successful ageing: a population-based 11-year longitudinal study of 12 201 older Australian men. British journal of sports medicine, 48*(3), 220-225.

Blair S. N. *Physical inactivity: the biggest public health problem of the 21st century. Br J Sports Med.* 2009; 43:1-2.

Burns S. H., Murray A. D. (2014).*Creating health through physical activity. Br J Sports Med* 2014; 48: 167-9.

Chakravarthy, M. V. & Booth, F. W. (2003). *Exercise*. Philadelphia: Hanley & Belfus

Chakravarthy, M. V. & Booth, F. W. (2004). *Eating, exercise, and "thrifty" genotypes: connecting the dots toward and evolutionary understanding of modern chronic diseases*. J *Appl Physiol*, 96(1), 3–10.

Cordain L et al., (2000) *Plant-animal subsistence ratios and macronutrient energy estimations in worldwide hunter-gatherer diets*. Am J Clin Nutr. (2000); 71, 682-692.

Fiatarone, M. A. (1996). *Physical activity and functional independence in aging. Research quarterly for exercise and sport*, 67(sup3), S. 70.

Friedenreich, C. M. (2011). *Physical activity and breast cancer: review of the epidemiologic evidence and biologic mechanisms*. In: *Clinical Cancer Prevention* (pp. 125-139). Springer Berlin Heidelberg.

Garriguet, D., Janssen, I., Craig, C. L., Clarke, J., & Tremblay, M. S. (2011). *Physical activity of Canadian adults: accelerometer results from the 2007 to 2009 Canadian Health Measures Survey* (pp. 7-14). Ottawa: Statistics Canada.

Heidemann, C., Du, Y., Schubert, I., Rathmann, W., & Scheidt-Nave, C. (2013). *Prävalenz und zeitliche Entwicklung des bekannten Diabetes mellitus. Bundesgesundheitsblatt-Gesundheitsforschung-Gesundheitsschutz*, 56(5-6), 668-677.

Huber, G. (2009). *Normalgewicht-das Deltaprinzip: Grundlagen und Module zur Planung von Kursen*. Deutscher Ärzteverlag.

Huber, G. (2010). *Diabetes und Bewegung: Grundlagen und Module zur Planung von Kursen*. Deutscher Ärzteverlag.

Huber, G., & Schlembach, U. (2010). *Körperliche Aktivität Sport Brustkrebs. Eine Übersicht und erste Ergebnisse eines speziellen Bewegungsprogramms für betroffene Frauen*. Gynäkologische Praxis, 34(4), 717.

Kaufmann, Th.& Huber, G. (2008) *Der Aufbau von Körperfett – eine überlebenswichtige Gesundheitsressource* In: *Bewegungstherapie & Gesundheitssport* 2008.

Nagamatsu, L. S., Flicker, L., Kramer, A. F., Voss, M. W., Erickson, K. I., Hsu, C. L., & Liu-Ambrose, T. (2014). *Exercise is medicine, for the body and the brain. British journal of sports medicine*, bjsports-2013.

O'Keefe JH Jr, Cordain L, *Cardiovascular disease resulting from a diet and lifestyle at odds with our Paleolithic genome: how to become a 21st-century hunter-gatherer. Mayo Clin Proc.* (2004) ;79(1), 101-108.

Prentice, A. M. (2005). *Starvation in humans: evolutionary background and contemporary implications. Mech Ageing* Dec, 126, 976–981.

Prentice, A. M., Hennig, B. J. & Fulford, A. J. (2008). *Evolutionary origins of the obesity epidemic: natural selection of thrifty genes or genetic drift following predation release?* *International Journal of Obesity*, 32, 1607–1610.

Sallis R. E. *Exercise is medicine and physicians need to prescribe it! Br J Sports Med* 2009; 43:3–4.

Speakman J. R. (2008). *Thrifty genes for obesity, an attractive but flawed idea, and an alternative perspective: the 'drifty gene' hypothesis. Int J Obes* (Lond) 32 (11): 1611–7.

Trilk J. L., Phillips E. M. *Incorporating 'Exercise is Medicine' into the University of South Carolina School of Medicine Greenville and Greenville Health System. Br J Sports Med* 2014; 48: 165–7.

Trost, S. G., Blair, S. N., & Khan, K. M. (2014). *Physical inactivity remains the greatest public health problem of the 21st century: evidence, improved methods and solutions using the '7 investments that work'as a framework. British journal of sports medicine*, 48(3), 169-170.

Tucker, J. M., Welk, G. J., & Beyler, N. K. (2011). *Physical activity in US adults: compliance with the physical activity guidelines for Americans. American journal of preventive medicine*, 40(4), 454-461.

Wiskemann J, Dreger P, Schwerdtfeger R, Bondong A, Huber G, Kleindienst N, Ulrich CM, Bohus M (2011). *Effects of a partly self-administered exercise program before, during, and after allogeneic stem cell transplantation. Blood,* 117(9): 2604-2613.

INES GEIPEL

Sport ist ... Lebensschicksal

10. April 1987. Die Mainzer Leichtathletin Birgit Dressel, zu diesem Zeitpunkt mit 26 Jahren auf Platz sechs der Weltrangliste im Siebenkampf, starb einen Sekundentod. Allergieschock, hieß es offiziell. Doping mutmaßten die besser Informierten. Der Tod der jungen Frau ereignete sich während der globalen Hochzeit aggressivsten Steroid-Dopings im Leistungssport. So manches war seit längerem gemunkelt worden. Nun machte dieser Tod die Gerüchte dingfester und erregte öffentlich die Gemüter. Eine Gesellschaft war mit einem Mal bereit, über Sinn und Unsinn des Hochleistungssports zu debattieren. Und weit mehr: Körper- wie Gesellschaftsbilder wurden abgeklopft. Das Ideal des leistungsfähigen, allseits bereiten Menschen? Die Kämpferin in der Königs-Disziplin der Königs-Sportart Leichtathletik? Binnen Sekunden tot? Hatte man da etwas übersehen? In den Feuilletons erschrak man darüber, was sich die aufgeklärte Bundesrepublik leistete, alles nicht zu sehen. Am Ende der öffentlichen Erregung stand: Der traurige Tod von Birgit Dressel hatte sich in den Köpfen abgelegt und für das Phänomen Doping wie seinen gesellschaftlichen Bodensatz sensibilisiert. Kurzzeitig jedenfalls.

Reichlich 13 Jahre später am 2. Mai 2000: Im Moabiter Gerichtssaal saß neben dem ehemaligen Sportchef der DDR Manfred Ewald auch der Mediziner Manfred Höppner, einer der Drahtzieher des systematischen Zwangsdopings im DDR-Leistungssport. Ihm gegenüber 22 Nebenklägerinnen, allesamt Geschädigte seiner brutalen Idee. Sie, wie die Öffentlichkeit warteten auf die Erklärung dieses Kronzeugen, des großen Doping-

Chefs im Osten. Sieben Seiten las der kleine Mann im smarten, grauen Dreireiher. Was er sagte, hatte folgenden Wortlaut:

> Die Vergabe von anabolen Steroiden an Hochleistungssportler hat prophylaktisch Erhalt und Wiederherstellung der körperlichen Gesundheit gedient.

Oder:

> In meiner Amtszeit habe ich immer nur biologisch reife Frauen in ihrem Erziehungs- und Ausbildungsprozess gesehen.

Und:

> Mein Motto war immer - Gesundheit geht vor Goldmedaillen, denn einen Fall Birgit Dressel wollte ich in der DDR nicht erleben.

Die „biologisch reifen Frauen", die der Doping-Cheforganisator während seiner kriminellen Manöver gesehen haben wollte, staunten nicht schlecht. Denn ihre Entschlüsse, als Nebenklägerinnen im bisher größten Doping-Prozess des Landes aufzutreten, hatten berechtigte Gründe: schwerst behinderte Kinder, eigene Krebserkrankungen, irreversible Fettstoffwechselstörungen, Suchtattacken, Depressionen, Störungen der Menstruationszyklen, der weiblichen Geschlechtsorgane und damit der Fruchtbarkeit, Ausbildung eines männlichen Behaarungstyps, Stimmvertiefungen, Veränderungen der Blutfettwerte oder der Thymusdrüse, Ödembildungen, Klitoriswachstum, Aknebildungen, Leberschädigungen. Der medizinische Gutachter des Prozesses betonte bei seiner Einschätzung über zwei Prozesstage hin:

> Die Vergabe männlicher Steroide kann einen krankhaften Prozess im weiblichen Körper, mit verschiedensten Wirkungen an verschiedensten Zielorten, verursachen.

Da alle Nebenklägerinnen vor dem Richter als Zeuginnen aussagten, brauchte der Prozess 22 Verhandlungstage. Am 18. Juli 2000 wurde das Urteil gesprochen. „Beide Angeklagte handelten rechtswidrig, schuldhaft und vorsätzlich", las der Vorsitzende Richter. „Herr Ewald", sprach er den ehemaligen DDR-Sportchef direkt an, „der Zweck heiligt eben nicht die Mittel,

eher dürften die Mittel dem Zweck geschadet haben". Das Urteil
der 38. Großen Strafkammer des Gerichts lautete: 22 Monate
auf Bewährung für Ewald, 20 Monate Bewährung für Höppner
für „mittelschwere Kriminalität".

Eine der 22 Nebenklägerinnen des Berliner Prozesses war die
ehemalige Langsprinterin Birgit Uibel. Ihre Aussagen vor dem
Richter waren von Gewicht, doch ihr Schicksal blieb dort uner-
zählt. Zwangsläufig hatte im Gerichtssaal die Forensik das Sagen. Ihr Leben hat jedoch für die Geschädigten des DDR-Sport-
systems mit allen Brüchen, Härten und seiner Tragik durchaus
etwas Exemplarisches: Birgit Uibel wurde am 30. Oktober 1961
in Belten, einem Ortsteil von Vetschau geboren. Vetschau, das
heißt Braunkohle, das hieß eines der größten Kohlekraftwerke
der DDR, das heißt eine flache, stille Landschaft, Kiefern, Sand,
viel Wind. Eine Storchengegend. Die Eltern von Birgit Uibel,
beide Vertriebene und Ende des Krieges in die Lausitz zwangs-
umgesiedelt, arbeiteten im Kraftwerk – die Mutter als Köchin
des werkseigenen Kindergartens, der Vater als Kraftfahrer. Die
ältere Tochter war sportlich talentiert und ging nach dem Um-
zug der Familie ins nahe Lübbenau zum Training in die Turn-
und Sportgemeinschaft der Stadt. Als sie 14 war, wurde sie in
die Kinder- und Jugendsportschule in Cottbus aufgenommen.
Mit 16 erhielt sie von Doktor Bodo Krocker, alias Stasi-IM
„Wartburg", erstmals männliche Sexualhormone. In ihrer Zeu-
genvernehmung vor der ZERV, der zentralen Ermittlungsstelle
für Vereinigungskriminalität, äußerte sie 1997 dazu:

> Mein Trainer Siegfried Elle sagte mir, dass ich wegen eines Ge-
> sprächs zum Arzt Krocker gehen müsse. Ich wurde allein dort vor-
> stellig. Dr. Krocker versuchte mir zu erklären, warum ich diese un-
> terstützenden Mittel nehmen müsse. Ich würde durch die Einnahme
> der Mittel bessere Leistungen erzielen und dadurch an großen
> Wettkämpfen teilnehmen können. Als 16-jähriges Mädchen ver-
> traute ich ihm bedingungslos. Ich stellte auch keine Fragen, da ich
> ja auch innerlich bereit war, sportliche Erfolge für mich und mein
> Land zu erzielen. Der Arzt Krocker übergab mir dann an diesem
> Tag einen Briefumschlag mit kleinen, blauen Pillen. Ein Medika-

mentenname war nicht zu erkennen. Ich dachte an eine Vitaminsubstanz.

Das Mauerkind Birgit Uibel lief mit Hilfe der Steroide in die Langsprint-Spitze ihres Landes, wurde 1982 bei den Europameisterschaften in Athen Sechste im 400 Meter-Hürdenlauf und gehörte ab da zur Weltspitze. 1981 machte sie ihr Abitur und heiratete gleichzeitig den Radsprinter Detlef Uibel. Trotz Einnahme der Pille wurde Birgit Uibel 1983 schwanger. Das Paar wollte das Kind, aber Parteileitung und Sportclubleitung entschieden anders. Schließlich kam vom Verbandstrainer die unmissverständliche Auflage, Birgit Uibel habe die Interruption in der Berliner Charité vornehmen zu lassen. Der Eingriff müsse umgehend erfolgen. Damit sich die Athletin schnell erhole, sei eine anschließende Hormonbehandlung angeordnet.

Als Birgit Uibel jedoch erneut schwanger wurde, erfolgte die prompte Order von Seiten der Cottbuser Clubleitung, den Sport an den Nagel zu hängen. Aufgrund der zeitnahen doppelten Hormondosierungen gestaltete sich die zweite Schwangerschaft als kompliziert. Das Kind wurde 1985 als Frühchen geboren, musste sieben Wochen künstlich beatmet werden. Da es sich auf der Intensivstation schwer infizierte, kam es zu folgenreichen körperlichen Behinderungen der Tochter. Die Sorge um das Kind, das neue Leben nach dem Sport, die unerkannten Dopingfolgen, eine aus dem Takt gekommene Ehe – die Jahre vor dem Mauerfall können für Birgit Uibel keine leichten gewesen sein. Aber auch nach 1989 erwies es sich als schwierig, das eigene Leben zu konsolidieren. Zwar nahm sie ein Studium als Unterstufenlehrerin auf, doch gab es zu der Zeit keine Aussicht auf eine Stelle. 1993 wurde ihre Ehe geschieden. Die Tochter musste mehrfach operiert werden, erhielt zwei künstliche Hüftgelenke. Birgit Uibel wurde selbst erstmals ernsthaft krank, ein Streik der Leber, der Schilddrüsen, der Psyche.

Was Mitte der neunziger Jahre noch nach Lebenssuche aussah, glich zehn Jahre später einer Schule der Destruktion und der Selbstdestruktion. Ihren klaren Aussagen als Nebenklägerin im Berliner Dopingprozess im Jahr 2000 folgten Isolation, Einsamkeit, Diskreditierung und Retraumatisierung. Ständig wechselnde, schlecht bezahlte Jobs als Verkäuferin, in der Stadtverwaltung, in einer Kunstgalerie, beim betreuten Wohnen, hohe Schulden, wechselnde Beziehungen, Krankheiten, chronische Klinikaufenthalte und Alkohol gewannen die Oberhand über ihr Leben. Noch 2003 sagte sie in einem Interview:

> Wenn ich damals gewusst hätte, was das Zeug – und sie meinte die Steroide – anrichten kann, hätte ich es nicht genommen. Wer sich geweigert hat, musste aufhören.

Der Tod ist keine einfache Faktizität. Birgit Uibel starb am 10. Januar 2010, wie Angehörige sagen, „medizinisch völlig unversorgt" im Carl-Thiem Klinikum Cottbus. In ihrem Totenschein steht als Todesursache: „keine".

Ihr Trainer Siegfried Elle sagte nach ihrem Tod: „Wenn Frau Uibel damals Dopingmittel bekommen hat, dann hat sie davon gewusst. Er jedenfalls hat ihr kein Doping verabreicht und fühlt sich auch nicht schuldig." Der dopingverabreichende Doktor Bodo Krocker, in Cottbus noch immer ein hochrenommierter Arzt, kann sich nicht einmal an seinen eigenen Stasi-Namen erinnern. Die Schlussfolgerung, er sei in der DDR IM „Wartburg" gewesen, sei total falsch, meinte er. Er kenne diesen Namen nicht und möchte sich auch nicht dazu äußern. Nach einem 2010 veröffentlichten Bericht über seine Belastungen in Sachen Doping und Stasi in der Regionalzeitung „Lausitzer Rundschau" kam es zu zahlreichen Abbestellungen von Abonnenten. Wie Angehörige berichteten, war Birgit Uibel nach ihren Aussagen beim Berliner Dopingprozess im Jahr 2000 in Cottbus auf eine Mauer der Abwehr gestoßen. Sie sei immer wieder verleumdet worden, berichtete ihre Mutter.

Birgit Uibels Schicksal hat eine Geschichte im DDR-Sport und eine Geschichte des Transfers eines Traumas nach 1989, mit tragischem Ausgang: Ihre Sportkarriere fand ihren Zuschnitt in einer Zeit, als die „Steroidmaschine" im Osten auf Volltouren lief. Das Zwangsdopingsystem als Staatsplan 14.25 im Jahr 1974 etabliert, eskalierte mit den Jahren völlig. Jeder wollte profitieren: Sportclubs, Trainer, Ärzte, Bezirks-SED, Sportfunktionäre, aber auch die Forschung. Von einer „zunehmenden Verflechtung mit den westlichen Märkten" ist denn auch in den achtziger Jahren die Rede. Im Volkseigenen Betrieb Jenapharm zum Beispiel. Seit 1979 berichtete IM „Wolfgang Martinsohn" dem Geheimdienst ausführlich davon, und Kompetenz dürfte ihm dabei keiner abgesprochen haben. Schließlich handelte es sich bei „Martinsohn" um den Forschungsdirektor der Jenaer Pharmafirma, um Professor Michael Oettel, von Beruf Tierarzt und 1939 in Jena geboren.

„Wolfgang Martinsohn" – ein Pseudonym, das sich Oettel nach einem für ihn wichtigen, angeblich verstorbenen Schulfreund wählte, der auch heute noch in Thüringen lebt – wird mit Beginn seiner Zuarbeit für die Staatssicherheit vielfach auf Reisen geschickt. Nach Genf beispielsweise. Die mit Valuta dotierten Forschungsaufträge der WHO zur schnelleren Überführung der Steroidsubstanzen STS 537 und STS 593 in die Produktion – dabei ging es um die Wochenpille, die Monatspille, die Pille danach und die Pille für den Mann – versprachen einiges für die Zukunft. Noch im Januar 1978 hatte Manfred Höppner alias IM „Technik" seinem Führungsoffizier berichtet: „Die bisherige Bereitwilligkeit im VEB Jenapharm, für den Sport ‚außerhalb der Gesetze' zu arbeiten, hat ihre Grenzen". „Martinsohn", der als inoffizieller Geheimdienstzuträger, wie er selbst formuliert, „kein mittelmäßiger Zuträger werden möchte", wurde mit dem 1. Oktober 1979 Forschungsdirektor von Jenapharm. Seine Berichte tragen ab da den Reisegrund „Zusammenarbeit Steroidforschung". Oettel wurde so eine Art mobile Gelenkstelle und für den Geheimdienst der lange gesuchte „Allround-Experte". Er baute vielfältige „operativ nutzbare Verbindungen" auf, schöpfte seine Mitarbeiter im Land ebenso wie internationale Kollegen ab. Es war die Zeit, da sich stark verästelnde Kommissionsgeschäfte zwischen Ost und West aufbauten.

Schon 1976 hatte IM „Technik" von dem Präparat Thioctacid berichtet:

Es wurde der Hinweis gegeben, dass anlässlich der Leipziger Früh–jahrsmesse Vertreter eines Arzneimittelwerkes aus Homburg/ BRD darauf hingewiesen haben, dass o. a. Präparat im Leistungs–sport der DDR getestet worden sei, zur zeitweiligen Leistungs–steigerung beiträgt und die Entwicklung in Verbindung mit Vertretern der Universität Halle durchgeführt worden sei. Der IM erklärte darauf, dass der Verbandsarzt Schwimmen Dr. Kipke dieses Mittel in der Vergangenheit bereits angewandt hat, wodurch der Stoffwechsel beeinflusst wird.

Michael Oettel jedenfalls war im Osten der richtige Mann für die angestrebte Verflechtung einer sich zunehmend globalisie-renden Pharmaindustrie und dementsprechend oft im Westen: Er reiste zur Berliner Schering AG oder zu LAB in Ulm, zu Beyer, zu Chemie-Linz in Österreich, zu Syntex in Zürich oder zu Bal-pharm in Basel. Es ging, wie seinen Berichten an die Staatssi-cherheit zu entnehmen ist, um den Absatz von Zwischenpro-dukten. Und um mehr. Unter dem Motto „Frauen, vertraut unse-ren Hormonen!" warb der VEB Jenapharm im eigenen Land um Zuspruch und meinte vielleicht seine wenig ausgereiften Anti-baby-Pillen, die aufgrund ihrer extremen Nebenwirkungen bei den ostdeutschen Frauen nicht gerade auf Begeisterung stießen. Doch Jenapharm als Doping-Hauptlieferant und maßgeblicher Pro-Dopingforscher in der DDR? Erhält da der firmeneigene Slogan nicht nochmal ganz anderen Schwung? Woran sich Jen-apharms Chef Oettel heute partout nicht mehr erinnern kann, damals wußte er noch davon. So fragte er 1984 auf einer Fach-tagung in Weimar: „Welche Möglichkeiten bestehen, um den Virilisierungserscheinungen bei Sportlerinnen unter Anabolika-gabe entgegenzuwirken?" Es konnte nicht die richtige Frage zur rechten Zeit gewesen sein, denn Oettel nahm sie, wie seine IM-Akte belegt, sofort zurück.

Noch 1979 hatten ZIMET und Jenapharm die Staatsplanauf-gabe erhalten, „Steroide auf aggressionsauslösende Effekte an der Maus zu testen." Diese Testungen gehörten zum For-schungsvorhaben „Aufdeckung zusätzlicher Leistungsreserven 1975-1980 und dem im Staatsplan Wissenschaft und Technik

enthaltenen „Komplex 08", die beide als Staatsgeheimnis eingestuft wurden.

> Bei den zu schützenden Staatsgeheimnissen, heißt es in einer Siche-
> rungskonzeption des Geheimdienstes vom 5. 1. 1979: geht es da-
> rum, dass bei der Steigerung der sportlichen Leistungsfähigkeit
> zentral geleitet und kontrolliert unterstützende Mittel „uM" wissen-
> schaftlich erforscht, erprobt und eingesetzt werden. Bei den vorlie-
> genden Sicherungskonzeptionen ist der Geheimnisschutz bei fol-
> genden wichtigen Detailaufgaben vorrangig zu gewährleisten: For-
> schungsarbeiten zur Entwicklung neuer Präparate und zum effekti-
> veren Einsatz bekannter und neuer Präparate, Entwicklung von ei-
> genen Nachweisverfahren und radioaktive Markierung bestimmter
> anaboler Substanzen, Ausarbeitung wissenschaftlich begründeter
> Anwendungskonzeptionen unterstützender Mittel. Die vorrangige
> Sicherung von Staatsgeheimnissen liegt darin, daß diese Mittel und
> deren individuelle Anwendungsvarianten nicht nachgewiesen wer-
> den können.

ZIMET und Jenapharm erhielten demnach gleichermaßen den
Auftrag,

> anabole Substanzen und zentral-nerval wirkende Pharmaka neu-
> und weiterzuentwickeln und die Grundlagenforschung von Anabo-
> len zu unterstützen.

„Martinsohn" war in dieser Konzeption an zentraler Stelle verzeichnet, zum einen bei der Entwicklung eines neuen Anaboli-
kums. Als Leiter des Tierstalls lagen die anberaumten Tierver-
suche natürlich bei ihm. Zusätzlich wurde er damit betraut, die
Experimentalsubstanz STS 646 „hinsichtlich des Aggressions-
verhaltens in den Kampfsportarten" tierexperimentell zu prüfen.
Richtig ist, dass noch 1987 der einzige Humanmediziner von
Jenapharm Doktor Rainer Hartwich als IM „Klinner" in einem
seiner Berichte gegenüber dem Geheimdienst überaus deutliche
Zweifel in Bezug auf die Jenenser Forschung anmeldete:

> Für mehrere Substanzen und Arzneifertigwaren, die vom VEB Jen-
> apharm an den Auftraggeber geliefert wurden und die dort zur An-
> wendung am Menschen gelangten, wurden nicht die grundlegends-
> ten pharmazeutischen, pharmakologischen und toxikologischen
> Grundregeln eingehalten.

Im Januar 1988 warnt Doktor Hartwich,

> dass Prof. H. und Dr. R. in die Granulat-Beutel Dynvital (Vita-
> min/Koffein-Getränk) Anabolikasubstanzen STS 646 untermischen
> wollen, welches eine grobe Verletzung gegen das Arzneimittelge-
> setz darstellt.

Im Dezember 1985 hatte Höppner als IM „Technik" seinem
Führungsoffizier „Erich" mitgeteilt, dass

> bereits seit einigen Jahren durch ihn das Präparat STS 646 an die
> Sportler verabreicht wird, ohne dass dieses jemals entsprechend
> dem Arzneimittelgesetz geprüft wurde [...] und ohne dass bekannt
> ist, welche möglichen Nebenwirkungen bei den Sportlern in zehn
> oder zwanzig Jahren auftreten.

Bei dieser Nichtprüfung ist es bis zum Ende der DDR 1989 geblieben. 1982 produzierte Jenapharm 1000 Gramm STS 646,
eingesetzt bei Gewichthebern, Schwimmern und Werfern in der
Leichtathletik. 1988 wurden weit mehr, 60000 Tabletten STS
646, angefordert.

Doch die geschäftige Jenenser Forschercrew musste in jenen
achtziger Jahren ein weit breiteres Experimentierfeld abdecken.
Die oberste DDR-Sportleitung führte ihren Sportkrieg mittlerweile nicht mehr nur gegen den Westen als selbstredend ersten
Staatsfeind, sondern auch gegen die Sowjetunion. Gleich die
ganze Welt musste sich gegen das unaufhörlich siegende Mini-
land verschworen haben. Im Dezember 1985 schilderte IM
„Technik" wieder einmal vermeintlich besorgt:

> Am 28.11.1985 fand eine Beratung mit den beiden Vizepräsidenten,
> Genossen Köhler und Röder, über den perspektivischen Einsatz
> unterstützender Mittel statt. Beide Vertreter des DTSB brachten ihr
> Unverständnis darüber zum Ausdruck, dass bis 1988 angeblich nur
> die bisher bekannten Pharmaka zur Anwendung kommen. Sie wa-
> ren der Auffassung, dass es möglich sein müsste, noch bis zu den
> Olympischen Spielen 1988 die sogenannte „Wunderpille" zu erfor-
> schen. Speziell Genosse Köhler stellte konkret die Forderung, ein
> solches Präparat aus der Reihe der Psychopharmaka zu entwickeln,
> um bei den Sportlern zum Wettkampf eine gewisse Aggressivität zu
> entwickeln und vorhandene Anzeichen von Angst und Nervosität
> auszuschalten.

Die pharmazeutische Großoffensive im DDR-Leistungssport oblag in diesen Jahren dem Prinzipal des eng mit dem Geheimdienst verflochtenen Finanzimperiums „Kommerzielle Koordinierung (KoKo) Alexander Schalck-Golodkowski. Er war Anfang der achtziger Jahre durch Stasi-Chef Erich Mielke mit der Restrukturierung des ostdeutschen Spitzensports betraut worden. Wieso, stellt sich die Frage, heimsten die ostdeutschen Aktiven doch international Erfolg für Erfolg ein? Was also suchte Schalck im Sport? Der „Offizier im besonderen Einsatz" (OibE) hatte so schnell wie möglich zu klären, ob das zwangsgedopte Sportlermaterial die chronisch defizitäre Zahlungsbilanz des Landes aufbessern könnte. Bis es so weit sein konnte, mussten allerdings ein paar Grundsätzlichkeiten geklärt werden. Die Berliner Dynamo-Vereinigung war Mielkes Ziehkind, bei dem er gern von schrankenlosem Zugriff ausging. Spätestens seit den Olympischen Spielen 1976 waren ihm aber vielfach kritische Äußerungen von Dynamo-Ärzten zum immer aggressiver werdenden Doping in den Clubs zugetragen worden. Der Sportmediziner Bernd Pansold, selbst Drogenverabreicher an zahlreiche Dynamo-Schwimmerinnen, berichtete als IM „Jürgen Wendt" nach Montreal 1976:

> Unter einem Teil der Sportmediziner gibt es Äußerungen dahingehend, dass die durchgeführten Maßnahmen, speziell an Sportlerinnen, in gewissem Maße kriminellen Vergehen gleichkommen.

Mielke konnte aber an der ‚Basis' keine Hemmnisse, vor allem keine skeptischen Ärzte gebrauchen. Bei allem Ärger im Land selbst, im Sport musste es glänzen. Er rief Schalck-Golodkowski herbei, der schnell herausfand, was das Problem war: 1984 schrieb er an Mielke:

> Da ich mich mit den Problemen sehr beschäftigt habe und mit ihnen gewachsen bin, komme ich zu der Auffassung, dass die wissenschaftlich-feindliche Haltung, speziell der Leistungsmedizin, ein Niveau erreicht, was für die Sache unerträglich ist. Es wäre zu prüfen, ob solche Leute wie Genosse S. oder H. die Arbeit weiterführen [...] Ich glaube, hier müssen einige ideologische Grundfragen ganz schnell geklärt werden.

Vier Wochen zuvor hatte Schalck bereits ein Thesenpapier zur Umstrukturierung der Sportmedizinischen Dienstes der SV Dynamo vorgelegt, das die Richtung für die Hochleistung im Land vorlegte:

> Der Sportmedizinische Dienst unterscheidet sich gegenüber einer Reihe anderer Disziplinen im wesentlichen dadurch, dass er neben theoretischen Aufgaben auch unmittelbar selbst produktiv im Sinne abrechenbarer Leistungen tätig ist.

Schalck entwarf das Modell eines Athleten als einer „echten sozialistischen Gemeinschaftsarbeit", die in der „Einheit zwischen Sportfunktionär, Wissenschaft und Produktion" fabriziert werden sollte.

> Die Zersplitterung der wissenschaftlich-praktischen Kapazitäten ohne einheitliche und koordinierende Leitung führt zu erheblichen Effektivitätsverlusten. Das wirkt sich in der Industrie – nur so will ich das vergleichen – im gleichen Sinn negativ aus.

Bei Schalcks Fabrikationsgedanken oder auch der vollkommenen Verzweckung der Athleten drückte sich unübersehbar ein ganzes Stück historisches Unterfutter durch: Mit zwei sich überlappenden Folien im Kopf konnte die DDR-Sportnomenklatura sowohl auf Hitlers als auch auf Stalins Mobilisierungskonzepte von Körpern zurückgreifen, um sie in erstaunlicher Technokratie neuerlich zu enthemmen. Diese Konzepte, wenngleich unterschiedlich ausgerichtet, dienten allen drei Regimen in ihren säkularisierten Heilserwartungen.

Ob Schalck-Golodkowski bei seiner Neudimensionierung des ostdeutschen Spitzensports die Probleme der massiven Schädigung der Mauerkindgeneration – etwa 15 000 Sportler waren in das Zwangsdopingsystem involviert – überhaupt je in den Blick bekam, muss bezweifelt werden. Seiner Kaufmannsseele lagen andere Dinge näher: Im großen Stil sicherte er dem DDR-Drogensport eine noch radikalere Runde der Entgleisung. Im Dezember 1984 schrieb er an einen Dynamo-Funktionär:

> Da ich mich der SV Dynamo verschrieben habe und der Minister Dir alle Vollmacht erteilt hat, das vorzubereiten, möchte ich Dir mitteilen, dass der jetzige Stand der Arbeit nach wie vor nicht be-

friedigt ... Die allgemeine Erklärung – wir entwickeln alles in der DDR selbst – wird sicherlich stimmen, die Frage ist bloß, wann wir diese Geräte aus dem Erprobungszustand für unsere Sportler einsetzen können – ob das für die Olympiade 1988 oder für die Olympiade 1992 sein wird. Wir wollen aber bereits 1985 siegen ... Nach meiner Auffassung müssen Anfang Januar Entscheidungen fallen durch den Minister.

Für das Olympiajahr 1984, in dem die DDR mit dem ersten Platz der Länderwertung in Los Angeles liebäugelte, wurde eine neue „Überbrückungsmaßnahme" für Sporthöhepunkte durchgesetzt. Das geheime Forschungsinstitut für Körperkultur und Sport in Leipzig hatte mittels Computer exakte Zeitpläne für Athleten erstellt, um die international eingeführten Steroid-Kontrollen durch „genau errechnete und erprobte Dosen von Testosteron und Epitestosteron, intramuskulär gespritzt", zu „überbrücken", genauer: zu umgehen. Die für diese Methode notwendigen Geräte möglichst sofort anzukaufen, hielt Schalck für geboten, um die „wissenschaftlich-feindliche Haltung, speziell der Leistungsmediziner" endlich auszubremsen. Der „ehrbare Kaufmann", zu dem er sich erklärte, bestellte und kaufte, natürlich im Westen. Auch aus diesem Grund erhöhten sich die Valutaaufwendungen für den DDR-Sport in den achtziger Jahren rapide: zwischen 1985 und 1987 von 6,8 auf 12,2 Millionen. Viel Geld für ein marodes Land. Im März 1987 machte er deshalb der obersten Sportleitung einen Vorschlag zum Aufbau einer Sportagentur mit Außenhandelsvollmacht. In seinen Memoiren schrieb er:

> Wir taten nicht mehr und nicht weniger, als nicht genutzte ökonomische Ressourcen der Volkswirtschaft gezielt zur Devisenerwirtschaftung zu nutzen.

Die geplante Sportagentur hatte zwei zentrale Optionen:

> Die Konzentration aller Aktivitäten der Nutzung des Kommerz im Sport durch eine dazu berechtigte Firma und die Berücksichtigung handelspolitischer Erfordernisse des Außenhandels der DDR.

Erst mit Wirkung vom 1. Oktober 1989 kommt es zur Gründung besagter Sportagentur GmbH.

Warum nicht, könnte man sagen. Eine Dynamik, die eben weltweit in der Luft lag, wäre sie nicht ausschließlich auf Kosten der Athleten und der Wettkampfrealitäten gegangen. In jedem Fall vollzog sich im Leistungssport der DDR Anfang der achtziger Jahre ein Paradigmenwechsel, den ein Verbandsarzt im Juni 1980 in aller umgangssprachlichen Anschaulichkeit so beschrieb:

> Wir erleben hier den Zweiten Weltkrieg. Ich habe ihn nicht mitgemacht, aber auch damals hat Adolf nicht alles gewusst, was unten los war.

Das Land implodierte an seiner Statik und den dumpfesten Realitäten, und im Sport wurde Krieg geführt.

Um der Chronologie Genüge zu tun: Schalcks von oben durchgestellte Ankaufoffensive Ende 1984 hatte der Polithybris in Ost-Berlin anscheinend nicht genügend testosteronschwangere Sportler produziert, dass man sich ruhig zurückgelehnt hätte. Auch „Martinsohns" hochgetuntes Steroidprogramm kam nicht so in Schwung, wie es die Sport-Spitze forderte. Im Februar 1985 gab Oettel diesbezüglich handschriftlich an die Staatssicherheit weiter:

> Schwerpunkt ist die Errichtung einer Pilotanlage 88/89, um den notwendigen Vorlauf für die Errichtung einer Steroidfabrik an einem neuen Standort in Jena zu sichern. Mit dem Steroidprogramm werden wesentliche Teile der betrieblichen Entwicklung bestimmt.

Eine neue Steroidfabrik in Jena oder Westgeräte zur Testosteronhöherdosierung durch Schalck genügten aber noch immer nicht. Der Ruf nach der Wunderwaffe war nun einmal laut geworden und zielte auf Explosiveres. Im Osten musste umgesattelt werden, – auf Wachstumshormone, Genforschung, Blutdoping, Psychopharmaka, auf Substanzkombinationen unterschiedlichster Art – weil halt die Welt umsattelte, wie es immer hieß. Schon am 1. Dezember 1983 hatte IM „Technik" zum Präparat Somatropin vermerken lassen:

> Ausgehend von Veröffentlichungen in der Westpresse erklärte der IM, dass es sich bei diesem Präparat um ein sogenanntes Wachstumshormon handelt. Das Präparat findet schon mehrere Jahrzehnte

Anwendung in der Medizin bei kleinwüchsigen Menschen, um deren Wachstumsprozess zu beeinflussen. Bei nicht richtiger Anwendung bzw. überhöhten Dosierungen kann es dabei zu Missbildungen bestimmter Körperteile kommen. Genosse Ewald wurde bereits darüber informiert, und es wurde festgelegt, entsprechende Untersuchungen und Forschungen durchzuführen.

Knapp vier Wochen später war das Präparat schon im Land und Höppner erklärte lapidar: „Das Präparat „Somatropin" wird gegenwärtig geprüft." Wo? In Kreischa. Dort werden, wie Akten belegen, einem Wintersportler Wachstumshormone ins lädierte Knie gespritzt. Die Ärzte sind erfreut über den Behandlungserfolg. Auch Schwimmerinnen erhalten die Substanzen. Dr. Wolfgang Rockstroh, einer der verantwortlichen Doping-Ärzte im Wintersport schrieb 1983 als IM „Heinze":

> Um aber zu endgültigen Aussagen und damit zu einer möglichen generellen Anwendung dieser Präparate (Wachstumshormone) zu gelangen, werden 1984 umfassende Untersuchungen im Zentralinstitut Kreischa an Sportlern durchgeführt.

Doch auch Wachstumshormon reichte nicht aus. Am 2. Mai 1985 schrieb „Erich" nach einem Bericht von Höppner:

> Der IM informierte über das Forschungsprogramm und den dazu einbezogenen Personenkreis. Darüber hinaus sind noch ca. 100 Aktive im Rahmen der angewandten Untersuchung einbezogen, jedoch sind diese nicht darüber informiert, dass es sich um Forschungsprobleme handelt bzw. davon, was sie tatsächlich bekommen. Ihnen wurde lediglich gesagt, dass die Untersuchungen dem Zwecke der Erarbeitung einer wissenschaftlichen Arbeit dienen und deshalb wöchentlich darüber berichtet werden muss, welche Erscheinungen und Empfindungen bei ihnen aufgetreten sind.

Unklar bleibt, welche Mittel bei der angestrengten Suche nach ‚Erscheinungen und Empfindungen' im Athleten zum Einsatz kamen. Doch seit Mitte der achtziger Jahre gibt es in Höppners IM-Akten immer wieder Berichte zu Forschungen außerhalb des Staatsplanthemas 14.25. Am 5. August 1986 teilt er mit:

> Am 25.6.1986 fand im Sporthotel eine interne Beratung über Probleme der Verbesserung der Sauerstoffversorgung bei Leistungssportlern statt. Es muss davon ausgegangen werden, dass zumindest

ab dem Zeitpunkt dieser Beratung der angeführte Personenkreis Kenntnis darüber erhielt, dass man sich im Leistungssport der DDR mit dem Gedanken des Blutdopings beschäftigt. In diesem Zusammenhang muss beachtet werden, dass seit April 1986 das Blutdoping auf der Verbotsliste der Medizinischen Kommission des IOC steht, in Auswertung der Olympischen Spiele 1984 in Los Angeles. Die gegenwärtigen Untersuchungen auf diesem Gebiet laufen außerhalb des Staatsplanthemas 14.25. Ein Hauptproblem stellt nach wie vor dar, wie die im Gefrierzustand befindlichen Blutkonserven im Falle der Anwendung in die Wettkampforte im kapitalistischen Ausland transportiert und dort sicher aufbewahrt werden können.

Ist Blutdoping die ersehnte Wunderwaffe? Besorgniserregend, da weiterhin ungeklärt, findet sich das Thema Blutdoping noch an anderer Stelle. Im Zusammenhang mit dem Tod des Berliner Sportarztes Jürgen Stanzeit, der am 15. April 1991 vom Berliner Euopacenter stürzte. Stanzeit hatte, so der Journalist Thomas Kistner am 20. Mai 1995 in der „Süddeutschen Zeitung", sechs Jahre lang an einem Genforschungsprojekt zwischen Moskau und Jenapharm mitgearbeitet. Dabei sei es um Genmanipulation und Blutdoping gegangen. Kistner schrieb von „Experimenten, die an sowjetischen und ostdeutschen Sportlern in entlegenen Trainingslagern vorgenommen worden seien. Tatsächlich wurden Athleten vom Oberhofer ASK und aus anderen Klubs regelmäßig zu Lehrgängen nach Minsk und Nowosibirsk verschickt. Stanzeits zurückgelassenen Unterlagen würde eine Liste westdeutscher Namen beiliegen, die Wissen hatten von dem Projekt." Warum dieser Tod? Was für Unterlagen? Welche Mitwisser? Wie weit gingen die unseligen Allianzen zwischen Ost und West?

Jenapharm war auf dem Gebiet der Genforschung rege, davon muss ausgegangen werden. Bereits im März 1984 hatte Oettels IM-Akte „Forschungen auf dem Gebiet der Gentechnik" verzeichnet. Im gleichen Jahr äußerte er sich über den „hohen Stand der wissenschaftlichen Arbeiten der Genetika" in der Sowjetunion. Mit drei bis fünf Jahren benannte er den sowjetischen Forschungsvorsprung gegenüber der DDR.

Am 31. März 1989, forderte Hauptmann Dh. Winter, Berliner Hauptabteilung XV der Staatssicherheit, bei der Quelle „Harry", einem Justitiar der Berliner Schering AG, die

> weitere Orientierung auf die Beschaffung interessanter Dokumente zur Konzernstrategie, zu gesetzgeberischen Aktivitäten auf dem Gebiet der Gen-Forschung und -technologie sowie zur Außenhandelkonzeption.

Tatsache ist, dass das perfektionierte Staats-Dopingsystem der DDR über die achtziger Jahren hinweg einerseits erodierte: bis zu 20 Prozent der Sportärzte gaben ihr Berufsfeld auf, auch der Widerstand unter den Athleten gegen die verordneten Substanzeinnahmen wuchs. Andererseits bedeuten die Unterlagen des Geheimdienstes für den genannten Zeitraum den Sprung in eine neue Doping-Ära: Versuche am Menschen, ungeprüfte Kombinationen verschiedenster Substanzen, Blutdoping, Amphetamine, weiterhin Oral-Turinabol und STS 646, B 12, reines Testosteron, Weckamine, Diuretika, Betablocker, psychotrope Substanzen, Nasensprays mit Androstendion, Opiate, Wachstumshormone - die Liste ist endlos. Von den zentral gesteuerten Doping-Konzeptionen war wenig übriggeblieben. Über das Land hatten sich längst Drogenringe gebildet, finanziert von der Staatssicherheit, von besonders agilen SED-Bezirksleitungen, von notorisch sieghungrigen Sportclubs, von prämienabhängigen Trainern, mitunter auch von erfolgreichen Athleten, die vermeintlich ‚weichere' Stoffe aus dem Westen mitbrachten, um Geld zu verdienen.

Einsichten in die russischen Archive könnten klarstellen, mit welchen sowjetischen Präparaten das verdreckte DDR-Sportsystem in den achtziger Jahren herumhantierte. Schon wegen Höppners eigener IM-Akte – 1986 der letzte Bericht, der vierte, verschwundene Band im Mai 1987 angelegt, die gesamte Akte erst 1989 verplombt – muss seine Aussage im „Stern" aus dem Jahr 1991 ernst genommen werden:

> Nach dem Fall der Mauer wurde die Parole ausgegeben, sämtliche belastenden Papiere zu vernichten. Der nur mündlich weitergege-

bene Befehl kam von ganz oben. Zwischen November 1989 und April 1990 wanderten fast alle Dokumente in den Reißwolf.

Doch dem war nicht so. Eine große Zahl von Archivunterlagen konnte das ostdeutsche Doping-System eindeutig belegen. Dessen ungeachtet fehlen Dokumente, insbesondere der letzten Jahre der DDR. Allein bei Betrachtungen zu den spätestens seit 1983 im DDR-Sport eingesetzten Wachstumshormonen muss man ins Stocken geraten: Bis 1985 wurden diese lediglich als extrahierte Produkte hergestellt, genauer aus den Hirnanhangsdrüsen von Leichen gewonnen. Erst ein von Peter H. Seeburg entwickeltes Verfahren ermöglichte deren biosynthetische, d. h. gentechnische Herstellung im Westen. In Osteuropa blieb es zunächst bei dem ursprünglichen Verfahren der Hormongewinnung aus Leichen, bei der die Gefahr einer Infektion mit dem Aids erregenden HI-Virus, mit Hepatitis oder gar der Creutzfeldt-Jakob-Krankheit besteht. Dabei sind beim Einsatz von Wachstumshormonen ohnedies erhebliche Nebenwirkungen angesagt: Veränderungen an inneren Organen, Herzmuskelschädigungen, Tumorbildungen, Veränderungen der Physiognomie durch einsetzendes Wachstum, besonders an Kinn, Zähnen, Fingern und Zehen.

„1988 ist im DDR-Sport das flächendeckende Doping mit Wachstumshormonen beschlossen worden", wusste Höppner, doch seine Berichte aus jener Zeit fehlen. Ist es wahrscheinlich, dass die kurz vorm Zusammenbruch stehende DDR in der Lage war, ihre neue Doping-Runde mittels Einsatz der teuren westlichen Substanzen zu beschließen? Oder welche Produkte sind hier zur Anwendung gekommen und an wem?

ADRESSEN DER REFERENTEN

Prof. Dr. Gunter Gebauer
Freie Universität Berlin
Institut für Philosophie
Thielallee 43
14195 Berlin

Prof. Ines Geipel
Hochschule für Schauspielkunst „Ernst Busch"
Schnellerstr. 104
12439 Berlin

Prof. Dr. Rüdiger Heim
Universität Heidelberg
Institut für Sport und Sportwissenschaft
Im Neuenheimer Feld 700
69120 Heidelberg

Prof. Dr. Gerhard Huber
Universität Heidelberg
Institut für Sport und Sportwissenschaft
Im Neuenheimer Feld 700
69120 Heidelberg

Prof. Dr. Michael Meyen
Ludwig-Maximilians-Universität
Institut für Kommunikationswissenschaft und Medienforschung
Oettingenstr. 67
80538 München

Ulrike Spitz
Buchrainweg 61
63069 Offenbach